I0025830

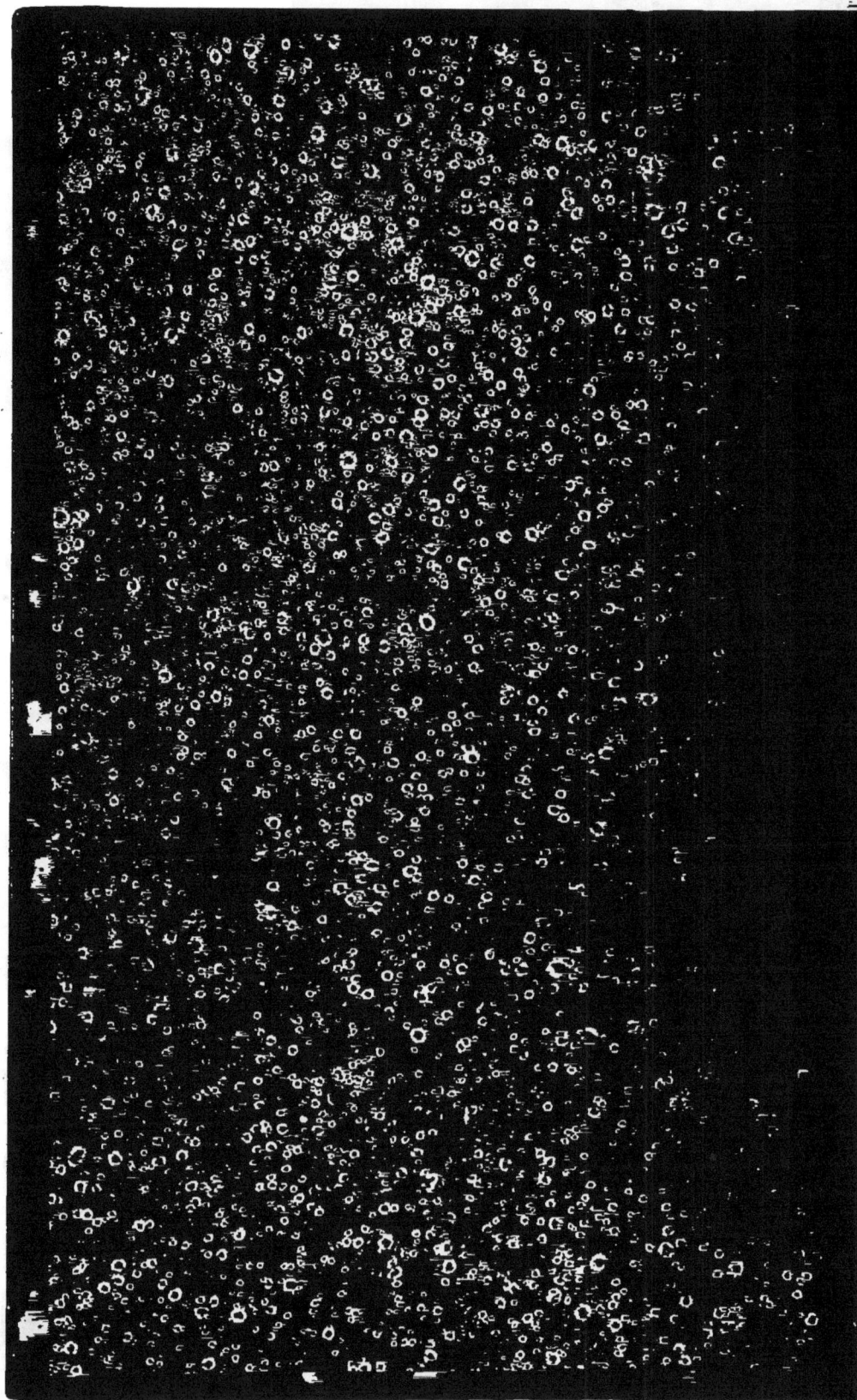

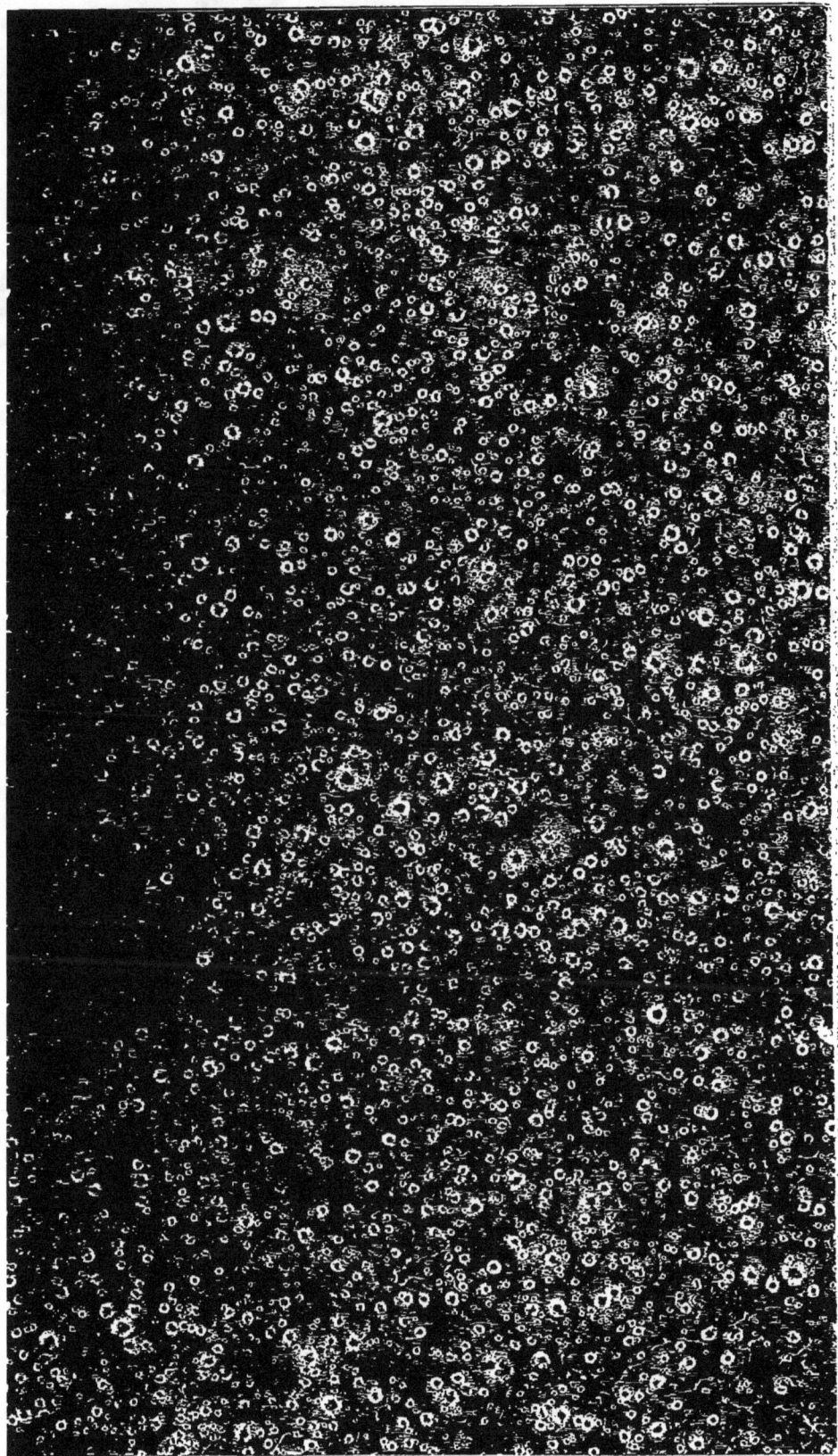

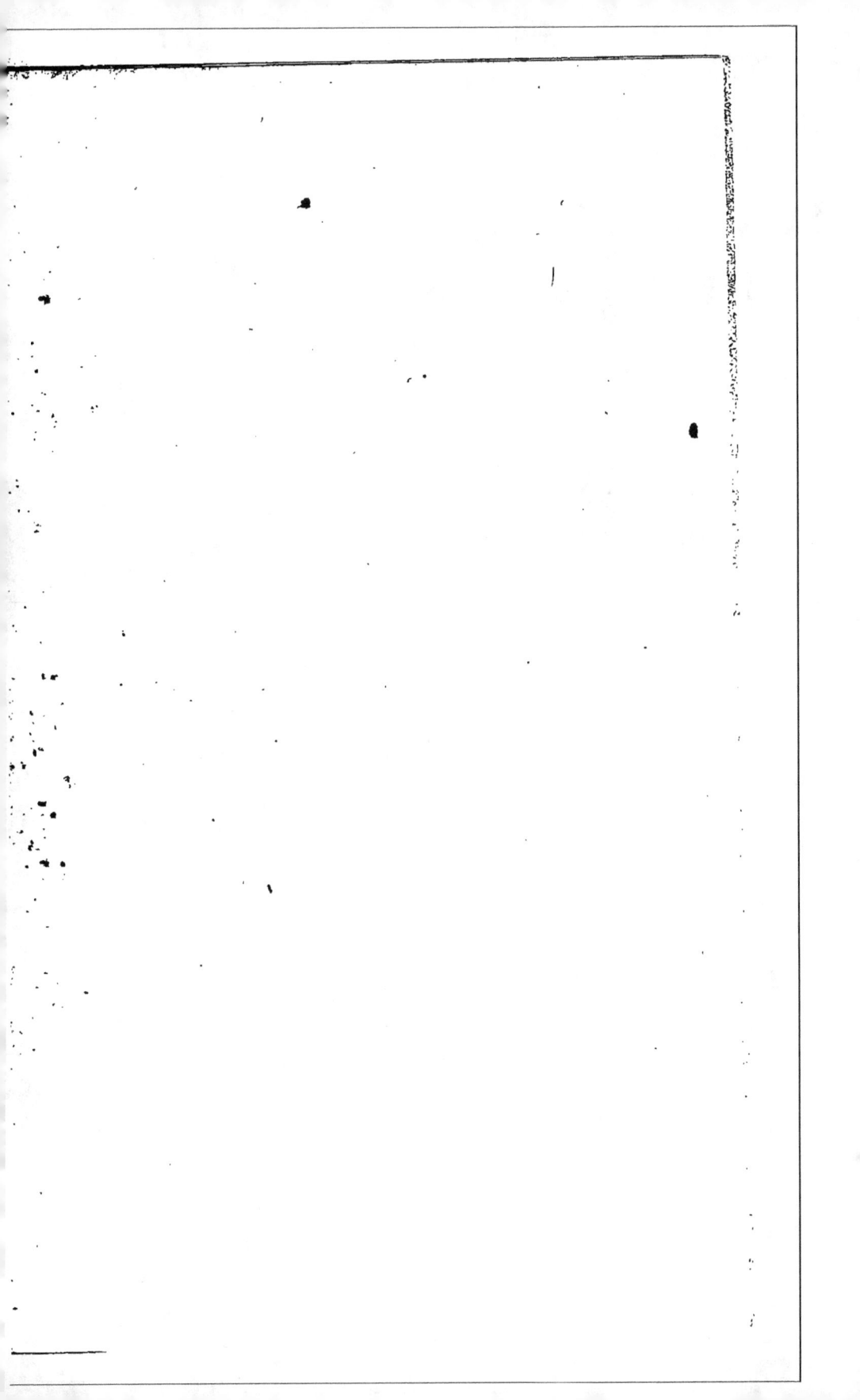

V

32587

HISTOIRE

DU CANON

DANS LES ARMÉES MODERNES.

PARIS. — TYPOGRAPHIE DE FIRMIN DIDOT FRÈRES,

Rue Jacob, 56.

HISTOIRE

DU CANON

DANS LES ARMÉES MODERNES

PAR LE CITOYEN

LOUIS-NAPOLÉON BONAPARTE,

Représentant du peuple,

PRÉCÉDÉE DE SA BIOGRAPHIE,

par un vieil ami de la liberté, son collègue à l'Assemblée nationale,

et suivie d'une Notice

sur tous les membres aujourd'hui vivants de la famille Bonaparte.

PARIS,

MARTINON, 4, RUE DU COQ.

1848.

AVIS DE L'ÉDITEUR.

Un décret de l'Assemblée nationale appelle le peuple à faire encore une fois acte de souveraineté et à élire le président de la République.

La candidature éminemment nationale et populaire de *Louis-Napoléon* BONAPARTE a tout aussitôt été accueillie sur tous les points du pays avec une faveur qui va toujours croissant, et qui permet de prédire dès à présent qu'une immense et formidable majorité confiera pour quatre années, aux termes de la nouvelle constitution, les destinées de la patrie au neveu du grand homme.

C'est là un résultat que tous les bons esprits avaient dû depuis longtemps prévoir, et qui vient, assez malencontreusement pour les *faiseurs*, déjouer bien des intrigues....

Aussi, voyons-nous maintenant les légitimistes et les orléanistes, les talons rouges du *National* et les culotteurs de pipes de la *Réforme*, les socialistes et les communistes, en un mot tous ceux qui exploitaient hier, tous ceux qui exploitent si effrontément aujourd'hui, ou qui aspirent à exploiter demain notre

malheureuse France, après avoir feint d'abord de mé-
priser la candidature de *Louis-Napoléon* à la pré-
sidence de la République, se réunir avec un édifiant
accord pour la combattre. A cet effet, tous moyens
leur sont bons, sanctifiés qu'ils les croient sans
doute par la fin qu'ils se proposent. Il n'est donc pas
de méchants contes, de plates calomnies, d'odieuses
absurdités, qu'à l'aide des mille journaux dont ils dis-
posent ils ne s'efforcent d'accréditer, pour égarer
l'opinion sur le compte d'un homme qui ne provo-
querait certes pas tant de fureurs et de haines s'il ne
possédait pas à un haut degré l'intelligence de la
situation, et si la portée de son esprit, la nature de
ses talents, ne répondaient pas au rôle glorieux que
le peuple lui réserve.

Nous pensons que le meilleur moyen de le juger est
en définitive de lire ce qu'il a écrit; voilà pourquoi
nous réimprimons aujourd'hui un travail de lui
qu'on ne saurait prendre pour une banale *réclame*
électorale, car il n'a pas le moindre rapport avec les
circonstances où nous nous trouvons. Il a paru déjà
depuis plus de quatre ans dans le *Supplément* au
DICTIONNAIRE DE LA CONVERSATION ET DE LA
LECTURE (tome LVI de ce grand ouvrage), et fut composé, à la sollicitation des éditeurs, sous les verrous
de Ham. Les juges les plus compétents déclarèrent
alors d'une voix unanime que c'était le travail le plus
remarquablement complet qu'on possédât encore sur
cette matière, branche si importante de l'artillerie,
l'arme spéciale à laquelle, comme on sait, appar-

tient l'auteur. — L'*Histoire du canon dans les armées modernes* que nous publions aujourd'hui n'est autre, qu'on le sache bien et qu'on ne l'oublie pas, que l'article CANON de la grande Encyclopédie si connue sous le nom de *Dictionnaire de la Conversation* (Paris, 1833-1846, 67 volumes in-8°).

Nous avons emprunté au même recueil, outre des détails officiels sur la composition actuelle de la famille Bonaparte, la notice biographique qu'il a spécialement consacrée à *Louis-Napoléon;* notice au bas de laquelle se trouve un nom bien connu des amis de la liberté, celui de M. SARRANS, aujourd'hui membre de l'Assemblée nationale. C'est lorsqu'il était enfermé dans le donjon de Ham, lorsque le Juste-Milieu le faisait périodiquement insulter par les écrivains aux gages de sa police, que M. Sarrans, l'un des vétérans de la cause nationale et ancien aide de camp de la Fayette, savait rendre au neveu de Napoléon la justice qui lui est due. Personne n'en sera surpris puisque le nom de cet honorable écrivain est tout à la fois synonyme de conscience et de véracité, d'élévation et d'impartialité.

Nous réimprimons, à quatre années de distance, cet article sans y changer un seul mot : il conserve dès lors la couleur du temps où il fut écrit. Il nous eût été facile d'éviter cette espèce d'anachronisme, et d'en faire une œuvre de circonstance, rien qu'en effaçant les expressions qui y rappellent à chaque ligne que *Louis-Napoléon* BONAPARTE est le neveu de l'empereur, de l'homme qui porta à leur apogée la prospérité et la gloire de la France.... Nous ne l'avons pas voulu, et nous sommes certains que personne ne songera à nous faire un reproche d'avoir borné notre rôle d'éditeur à la reproduction pure et simple d'un témoignage aussi désintéressé qu'indépendant, d'une appréciation historique et politique non moins étrangère assurément aux passions du moment que la dissertation toute technique qui la suit, et de la lecture de laquelle force sera uniquement de conclure que l'auteur est tout au moins un officier d'artillerie distingué. — En 1796, tout le monde n'en disait pas encore autant de son oncle, dont la nomination au commandement en chef de l'armée d'Italie n'excita d'abord que les railleries des traîneurs de sabres d'alors, en même temps qu'elle fournissait aux aboyeurs de la démagogie expirante matière aux plus violentes clameurs....

Cette fois, c'est le peuple souverain qui fera lui-même ce que le Directoire faisait il y cinquante-deux ans dans un moment de bonne inspiration. Puissions-nous avoir contribué, pour notre part, à l'éclairer dans l'importante détermination qu'il est appelé à prendre !

Novembre 1848.

NOTICE BIOGRAPHIQUE

SUR

LOUIS-NAPOLÉON BONAPARTE.

(1844.)

L'empire de Napoléon était resplendissant de gloire et de puissance. Des Pyrénées à la Baltique, de la Méditerranée au Danube, il embrassait dans sa sphère les royaumes et les républiques qui couvraient les trois quarts du continent européen. La Pologne, la moitié de la Germanie, l'Italie, l'Espagne, la Hollande, la Belgique, la Suisse, Brême, Lubeck, Hambourg, obéissaient à sa loi ou pliaient sans murmurer sous son impulsion. Par sa grande civilisation, la France impériale était la patrie adoptive de tous les hommes civilisés, le foyer où venaient s'illuminer toutes les

1.

intelligences ; par l'uniformité philosophique et égalitaire de ses codes, par sa vigoureuse administration, elle appelait à elle tous les intérêts qui demandaient protection , ordre et sécurité; par l'éclat de sa gloire et l'ampleur de ses forces, elle tenait le monde en échec. Courbés dans ses antichambres , les rois de l'Europe contemplaient , dans un respectueux silence, une grandeur qui les éblouissait. Qu'on eût insufflé la liberté dans cette œuvre merveilleuse de la fortune et du génie, et l'on eût obtenu le bel idéal des systèmes politiques, un système puisé dans nos propres entrailles, tout français, plein de vie et de fécondité , qui satisfaisait aux besoins et aux droits nés de la révolution ; un gouvernement enfin tel que notre histoire, notre géographie, nos mœurs et notre caractère le réclamaient; mais la liberté n'y était pas..... — Un héritier direct manquait aussi aux destins de l'empire. La plus haute personnification de la puissance humaine n'était qu'un homme, et cet homme, sans postérité de son sang , pouvait mourir les mains pleines de couronnes.

C'était en 1808. En ce temps-là, sur les marches d'un trône élevé par Napoléon , apparut un royal enfant. Le prince Louis-Napoléon naquit

à Paris le 20 avril 1808; il était le troisième
fils de Louis Bonaparte, que l'empereur, son
frère, avait instauré roi de Hollande, et d'Hortense de Beauharnais, cette affectueuse et ra-
vissante femme qui s'échappa des mains de Dieu,
toute pétrie de grâces et de beauté, qui régna
simplement, souffrit avec majesté, et mourut avec
courage; cette reine si éprouvée qui, sous le dia-
dème comme dans l'exil, présenta la réunion de
tous les charmes et l'alliance de toutes les douleurs.

Alors, du nord au midi, les peuples du grand
empire saluèrent la naissance du neveu de César
comme la venue d'un rejeton destiné à fortifier
et peut-être à perpétuer la dynastie napoléonienne.
Étranges voies de la Providence! Le proscrit qui
languit aujourd'hui dans une prison d'État, sur
la terre de France, était, en 1808, le second
héritier du nouveau Charlemagne. L'enfant que
Napoléon et Joséphine tinrent sur les fonts bap-
tismaux, au milieu des pompes et des splendeurs
de Fontainebleau, contemple maintenant du fond
d'un cachot les tempêtes du monde, et n'a que des
souvenirs pour consoler et nourrir ses regrets!

Le prince Louis avait sept ans à peine, lorsque

l'édifice impérial s'écroula sous le poids de l'Europe conjurée contre la France. Commencée dans les grandeurs des palais, son éducation devait s'achever dans les rudes épreuves de l'exil. Après les Cent Jours, proscrite et tourmentée par la coalition, la reine Hortense se réfugia en Bavière, où l'éducation de ses deux jeunes enfants devint le grand intérêt de sa vie. Cette merveille d'élégance, cette femme aux formes délicates et frêles, qu'un souffle de l'adversité semblait devoir briser, s'arma tout à coup d'une noble fortitude. Elle comprit que son devoir de mère et de Française était de donner à ses enfants une éducation énergique et populaire qui les mît en rapport avec les idées du siècle et les éventualités de l'avenir; et cette éducation mâle et sévère, elle eut le courage de la leur imposer avec une admirable persévérance de volonté. Un Français, maître de conférences à l'École normale (1), fut chargé de diriger dans ces voies les premières études du prince Louis. En 1824, quand les potentats furent rassurés sur les craintes que leur inspirait encore le grand nom de Bonaparte, la proscription pesa moins ombrageuse et moins dure sur les débris

(1) M. Le Bas.

de la famille impériale, et la reine Hortense put aller chercher en Suisse le repos qui la fuyait depuis neuf ans. Elle s'établit dans le canton de Thurgovie, au château d'Arenemberg, qui devint un lieu d'asile pour les proscrits, de charité pour les malheureux, d'hospitalité pour tout le monde : il y avait là des larmes pour toutes les douleurs, des consolations pour toutes les misères.

Dès ce moment, le prince Louis, dont l'enfance était déjà assouplie aux travaux du corps et de la pensée, se livra avec passion à l'étude de l'histoire et des sciences mathématiques, dans lesquelles il fit d'assez rapides progrès pour pouvoir, très-jeune encore, composer un *Manuel d'artillerie* que les meilleurs officiers de l'armée considèrent comme un excellent traité sur la matière. Mais l'étude et la méditation ne suffisaient pas à l'activité exubérante de cet esprit aventureux et ardent. Le prince Louis ne trouvait que dans les fatigues du corps un apaisement aux vagues inquiétudes qui le dévoraient. Tantôt il partageait avec un zèle incroyable les exercices des troupes badoises qui formaient la garnison de Constance, tantôt il s'enfonçait plusieurs jours dans les profondeurs des Alpes, gravissait ces crêtes couvertes de neiges éternelles, explorait les plus hautes montagnes, les lacs et les abîmes, jouait avec tous les périls, et revenait, meurtri et brisé, calmer les inquiétudes de sa mère, à la tendresse de laquelle il donnait bientôt de nouveaux sujets d'alarmes. Cette âpre manière de vivre contribua puissamment à développer les forces morales et physiques du prince Louis, et, lorsqu'il fut admis, plus tard, à faire partie du camp fédéral de Thun, il s'y montra rompu à toutes les fatigues du métier, mangeant le pain du soldat et partageant gaiement tous ses travaux.

Louis était à Thun, le sac sur le dos, la brouette et le compas à la main, lorsque parvint en Suisse la nouvelle de la révolution de juillet. Ce grand événement, qui remuait tant de souvenirs et d'espérances, enflamma naturellement l'imagination du jeune Bonaparte. A ses yeux, le malheur ne pouvait pas prescrire contre la gloire, et le moment était arrivé où la liberté pouvait regarder cette gloire en face. Voilà ce que rêvait le prince Louis. Le pauvre exilé, qui n'avait que de nobles souvenirs, ne pressentait pas qu'après cette grande commotion de la société française, on ne croirait plus ni à la liberté, ni à la tyrannie, ni à la

honte, ni au courage ; et qu'au milieu de cette dé-
génération de tous les caractères, le mot *gloire*
deviendrait un épouvantail ; il se croyait en présence d'un grand drame, et il n'avait devant lui
qu'une parodie. L'événement ne tarda pas à dis-
siper ses illusions. Il se trouvait à Rome avec sa
mère et son frère Napoléon Bonaparte, lorsque
la révolution éclata dans les États du saint-siége.
Plus courageux que prudents, ces deux jeunes
hommes se jetèrent tête baissée dans l'insurrection, et firent cause commune avec les défenseurs
de l'indépendance italienne. Ils guidaient l'un et
l'autre les révoltés qui marchaient sur Rome, mais
qui durent se disperser au premier choc des Autrichiens. Séparés des autres conjurés, Napoléon
et Louis Bonaparte se replièrent sur Forli, où
l'aîné des deux frères succomba en quelques jours
à une inflammation de poitrine. Découragé, acca-
blé de douleurs et de souffrances, Louis allait
inévitablement tomber aux mains des Autrichiens,
lorsqu'il dut son salut au courage de sa mère.
Accourue, sous un nom supposé et au milieu de
tous les périls, la reine Hortense enleva son fils
mourant, et, traversant rapidement la Péninsule,
elle le conduisit sur le sol de cette France, dont

une loi sauvage interdisait l'entrée à sa famille, sous peine de mort. Mais la France fut toujours la terre de l'hospitalité. Aussi la reine ne balança-t-elle pas à faire connaître sa présence, ainsi que celle de son fils, à Paris, au nouveau pouvoir qui siégeait aux Tuileries ; elle demanda et obtint l'autorisation de respirer pendant quelques jours l'air bienfaisant de la patrie ; mais, après une courte résidence, abrégée par les craintes d'un gouvernement qui avait déjà la conscience de son impopularité, les deux exilés durent quitter précipitamment cette capitale, qui fut autrefois le théâtre de leur grande fortune. La mère et le fils se rendirent à Londres, où ils devinrent l'objet des investigations ombrageuses de la diplomatie française, et qu'ils quittèrent bientôt pour rentrer en Suisse.

Rendu à sa paisible retraite, le prince Louis reçut des chefs de la révolution polonaise l'invitation de se placer à leur tête. « A qui, lui écri-« vaient-ils, la direction de notre entreprise pour-« rait-elle être mieux confiée qu'au neveu du plus « grand capitaine de tous les siècles (1) ? » Consultant moins ses forces que son courage, Louis

(1) Cette lettre fut écrite, le 28 août 1831, par le général Knia-zewicz, le comte Plâter, etc.

Bonaparte allait se mesurer à cette grande et difficile tâche, lorsqu'il en fut détourné par la mort
du duc de Reichstadt et par la rapidité des évé-
nements qui se succédaient en Pologne. Peut-être,
dans l'ordre de ses idées, la fin soudaine de l'héritier direct de l'empereur Napoléon lui créait-elle
des droits et une situation qui l'enchaînaient à la
destinée de la France. Toujours est-il que, le duc
de Reichstadt une fois dans la tombe, toutes les
inquiétudes de la diplomatie européenne se fixèrent
sur le prince Louis, dont la circonspection précoce
sut néanmoins dérober à toutes les polices le secret
des rêves plus ou moins raisonnables qui remplis-
saient son esprit. Quelque imprudents qu'aient pu
paraître dans d'autres moments les épanchements
de ce jeune homme, il n'en est pas moins vrai
qu'une réserve extrême et difficile à pénétrer forme
le trait distinctif de son caractère. Soit pour donner le change aux observateurs qui l'enveloppaient
de tous côtés, soit pour agrandir le cercle de ses
connaissances, il parut se consacrer de nouveau
et exclusivement à l'étude des grandes questions
politiques qui agitent le monde. En 1833, il publia, sur l'état de la Suisse, un petit livre intitulé
Considérations politiques et militaires, dans le-

quel il s'attacha à faire connaître le système de cette société fédérative. Cette brochure, qui produisit quelque impression en Suisse, et valut à son auteur d'abord le titre honorifique de citoyen de la république, et puis le grade de capitaine dans l'artillerie de Berne, expose avec lucidité le principe des diverses constitutions qui régissent les cantons helvétiques ; elle ne résout aucun problème important, mais elle est l'indice d'un esprit penseur et analytique. Deux ans plus tard, le prince Louis publia son *Manuel d'artillerie*, fruit d'une érudition hâtive et d'une remarquable intelligence militaire.

C'est au milieu de ces préoccupations studieuses qu'il méditait son expédition de Strasbourg. Sans doute, des amis plus ardents qu'éclairés, auxquels il confiait ses douleurs de proscrit, poussèrent son inexpérience à ce coup hardi ; mais des écrivains moins véridiques que dévoués l'ont très-inexactement attribué à des excitations imaginaires : « La- « fayette, ont-ils dit, engageait le prince Louis « à se mettre à la tête des idées démocratiques de « la France, lui promettant le concours de son « nom et de sa vieille expérience (1). » Cette as-

(1) Brochure Laity et procès de la Chambre des pairs.— Revue de l'empire.

sertion, contre laquelle s'élève la vie entière de l'illustre général, exprime une chose qui n'est ni vraie ni vraisemblable. Le prince Louis eut, en effet, un entretien avec Lafayette, et voici littéralement les paroles que lui adressa le vétéran de la liberté : « En 1830, nous avons tous commis une « grande faute, pour ne pas dire un crime. Au « lieu de mettre la France en demeure de se pro- « noncer sur le système et sur les hommes qui lui « convenaient, nous lui avons imposé une forme « de gouvernement et une dynastie. De là toutes « les déceptions qui ont suivi les trois grandes « journées. Si une nouvelle révolution vient à « éclater, et je la crois inévitable, le premier de- « voir des hommes qui la dirigeront devra être de « convoquer des assemblées primaires, afin que, « cette fois, le pays dise hautement et nettement « ce qu'il veut. Eh bien, vous portez un nom « populaire, et si la France, sincèrement interro- « gée, croyait devoir s'y rallier, je ferais ce que « j'ai fait toute ma vie : je m'inclinerais devant « le verdict souverain de mon pays. » Or, il y a quelque différence entre cette loyale profession de principes et les paroles qu'un zèle indiscret a prê- tées à Lafayette *mort*.

La vérité, dans tout ceci ; est que la situation générale de la France, l'inquiétude des esprits, les mécomptes qui fermentaient au fond de tous les cœurs, le soulèvement de la Vendée, l'insurrection de Lyon, le mécontentement de l'armée, une fausse appréciation de tous ces symptômes et les illusions d'une jeune tête sujette à se méprendre entraînèrent le prince Louis dans une éntreprise irréfléchie. Encouragé par quelques braves officiers qui pleuraient sur leur gloire méconnue plus que sur la liberté trahie, il oublia que le temps est passé où les révolutions procédaient des baïonnettes, et qu'une garnison n'est pas un peuple. On connaît l'issue de la tentative du 30 octobre 1836. Strasbourg était confié à la garde de deux régiments d'artillerie, d'un régiment de pontonniers et de trois régiments d'infanterie. Confiant dans le prestige de son nom : « Soldats, « s'écria le prince Louis, appelé en France par « une députation des villes et garnisons de l'est, « et résolu à vaincre ou à mourir pour la gloire « et la liberté du peuple français, c'est à vous les « premiers que j'ai voulu me présenter, parce « qu'entre vous et moi il existe de grands souve- « nirs, etc. » A ces paroles, adressées au régiment

dans lequel Napoléon avait fait ses premières armes, ces militaires crièrent, en effet, Vive Napoléon ! Mais il suffit de la fermeté d'un colonel pour
arrêter le mouvement. C'est que, pour faire une
révolution, il faut désormais avoir pour soi le
poids des masses et l'énergie d'un principe. Or, les
bataillons ne sont pas plus les masses que la gloire
n'est un principe. Les peuples veulent être libres
et glorieux, mais libres avant tout. Cependant un
coup hardi, la mort de l'officier qui lui barrait
le chemin, eût peut-être rendu incertain le sort
de cette journée ; mais le jeune prince recula devant cette nécessité terrible des révolutions, et il
perdit la partie sans pouvoir perdre la vie. Vaincu
et prisonnier, Louis voulut loyalement assumer
toute la responsabilité de l'événement et dérober
la tête de ses amis aux conséquences de leur dé-
faite. On n'en sépara pas moins sa cause de celle
des autres conjurés ; mais, appelé à prononcer sur
leur sort, le jury rétablit, par un verdict d'acquit-
tement, le principe de l'égalité de tous devant la
loi. Le prince fut conduit dans la citadelle du
Fort-Louis, et, bientôt après, embarqué à bord
d'une frégate qui le transporta aux États-Unis.
Avant de quitter la France, il donna, a-t-on dit,

sa parole d'honneur de ne rentrer en Europe qu'avec l'autorisation du gouvernement. Ce fait est inexact. Le prince Louis subit la clémence intéressée de ses ennemis, mais il ne l'acheta par aucune transaction. — Cependant, la reine Hortense, déjà en proie à une affection cruelle, était tombée dangereusement malade. Informé de cette triste nouvelle, Louis accourut en Europe, où il arriva à temps pour recevoir les derniers soupirs de la plus tendre des mères : elle expira dans ses bras, au château d'Arenemberg, le 3 octobre 1837.

A ce coup affreux succédèrent de nouvelles épreuves. Irrité par le verdict du jury alsacien, et surtout par le retour du prince, le ministère du 15 avril réclama impérieusement son expulsion de la Suisse, et fit de cette expulsion un *casus belli* contre le plus vieil allié de la France. Le 14 août, M. Molé écrivait à l'ambassadeur du gouvernement en Suisse : « Vous déclarerez au vorort que si, « contre toute attente, la Suisse, prenant fait et « cause pour celui qui compromit si gravement « son repos, refusait l'expulsion de Louis Bona- « parte, vous avez ordre de demander vos passe- « ports. » Le prince Louis publia une protestation énergique contre l'ostracisme dont on voulait le

frapper, et, de son côté, la diète helvétique, résistant noblement aux instances du gouvernement
français, s'arma pour la défense de sa souveraineté
menacée. Alors on vit une puissante monarchie
faire marcher une armée pour opprimer un État
faible et lui arracher l'expulsion d'un proscrit pro-
tégé par le droit des gens. Aveuglé par ses frayeurs,
le cabinet des Tuileries ne vit pas les dangers d'une
politique qui faisait de son jeune adversaire un
prétendant assez considérable pour justifier une
guerre. Louis, au contraire, mesurant parfaitement la portée de cet acte inouï, se conduisit dans
cette circonstance avec autant d'habileté que de
convenance. Après avoir provoqué, par une résistance calculée, les folles démonstrations du gouvernement français, il déclara solennellement ne
pas vouloir exposer la Suisse aux hasards d'une
lutte inégale, et s'éloigna avec dignité de cette
terre hospitalière, la seule en Europe où il eût
trouvé repos et protection.

En quittant l'Helvétie, il se retira en Angleterre, où, sous le titre d'*Idées napoléoniennes*,
il publia un exposé de ses doctrines politiques. Ce
livre est une apologie de la monarchie de Napoléon
représentée comme émanation directe de la sou-

veraineté populaire ; et comme régularisation des
faits, des intérêts et des idées consacrées par la
révolution ; c'est une couronne tressée avec les
rameaux de chêne de la république et les feuilles
de laurier du consulat et de l'empire. Mais, quelle
que soit notre dévotion au malheur, nous devons
dire que cet écrit pèche par le défaut de liberté et
de philosophie. Il respire une odeur d'autocratie
militaire et un mélange de principes libéraux et de
domination prétorienne peu propres, selon nous,
à remuer les grands sentiments qui, depuis un
demi-siècle, fermentent au cœur de la nation. Il
est bien, sans doute, d'évoquer les grandes images
de la gloire, mais non de légitimer tout ce qui est
brillant, et d'oublier que si, sous le règne d'un
héros, le despotisme peut quelquefois paraître de
la grandeur, il n'est et ne paraît jamais que de la
tyrannie sous un règne ordinaire. Or, en 1836, le
héros de la France était descendu tout entier dans
la tombe. Dans l'âme du prince Louis, il y a place
pour des idées plus larges que l'idolâtrie d'un nom
ou d'un système fini, et nous désirons que la fortune ne lui refuse pas toujours l'occasion d'un
dévouement utile à son pays.... Les hommes mé-
diocres tombent, et ne se relèvent plus sous le

poids d'une erreur ; les hommes d'intelligence et de progrès secouent l'erreur et marchent avec la vérité.

Le prince Louis vivait à Londres entouré des prévenances de l'aristocratie et de quelques sympathies populaires, lorsque le ministère du 12 mai obtint des chambres un crédit d'un million destiné à la translation des cendres de l'empereur Napoléon, « qui, dit M. Thiers, fut le souverain légi-« time de la France. » Quelle influence cette loi, votée avec enthousiasme par la législature, exerça-t-elle sur l'esprit du prince Louis? Crut-il la France redevenue napoléonienne, et le moment opportun pour ressaisir l'héritage du grand homme?..... Trois mois après, il se jeta sur la plage de Boulogne.

L'espace nous manque pour apprécier cette tentative, le plus étrange épisode de cette époque si féconde en étrangetés. Quant aux calculs qui présidèrent à cette entreprise et aux vastes moyens d'exécution qui devaient en assurer le succès, peut-être toutes ces choses, encore enveloppées d'un officieux mystère, se réduisent-elles aux simples proportions que M. Berryer leur assigna devant la cour des pairs : en présence des projets qui s'ourdissaient contre la France en 1840, on sentit qu'il fallait réveiller d'autres sentiments que l'é-

2

goïsme et l'individualisme, dans cette fière et glo-
rieuse patrie, et, ne pouvant espérer le faire au
nom du gouvernement actuel, on alla invoquer
la mémoire de celui qui avait promené la grande
épée de la France des extrémités du Portugal aux
extrémités de la Baltique. Et alors qu'arriva-t-il ?
« Sans préméditation, dit l'illustre avocat, sans
« calcul, sans combinaison, mais jeune et ardent,
« sentant son nom, le prince Louis se dit : J'irai,
« je mènerai le deuil, je poserai ses armes sur sa
« tombe, et je dirai à la France : Me voici.....
« voulez-vous de moi ?'»

Telles furent probablement les véritables proportions de la conjuration qui se dénoua le 6 octobre 1840, devant la cour des pairs, par la con-
damnation du prince Louis à un emprisonnement
perpétuel, dans une forteresse sur le territoire con-
tinental de la France. Le 7, il fut conduit au château de Ham, où, au moment où nous écrivons
cette notice, le neveu de l'empereur Napoléon partage les tristes loisirs de sa captivité entre l'étude de
l'histoire et le culte des idées libérales, plus heureux,
dit-il, de souffrir dans une prison française que de
vivre loin de sa patrie. (*Extrait du tome LV du
Dictionnaire de la Conversation.*)   B. SARRANS.

HISTOIRE DU CANON

DANS

LES ARMÉES MODERNES.

———

Origine, dénomination, calibre des canons.

Le mot *canon* est la plus ancienne dénomination qu'aient reçue les armes à feu. Les comptes de la ville de Saint-Omer, de 1306 à 1342 (MONTEIL, *Traité des matériaux manuscrits*, tom. II, pag. 292, Paris, 1835), les documents rapportés par Georges Stella, et qui remontent à 1319 ; un décret de la république de Florence du 11 février 1326, enfin le document de Ducange, si souvent cité, et qui porte la date de 1338, font tous mention de *canons* servant, dès le commencement du quatorzième siècle, à lancer, au moyen de la poudre, des balles de plomb, des carreaux, des pierres et des matières enflammées.

Dès 1347, il y avait dans les armées des *canonniers*, des *gunners*. Ce fait est constaté par un ancien manuscrit intitulé : *Solde de guerre en Normandie, en France et devant Calais*, par Walter Wentwaght. Ce document important prouve la vérité du récit de Jean Villani, qui rapporte que les Anglais avaient des bouches à feu à la bataille de Crécy, en 1346 ; car il est évident que si Édouard III avait dans la même campagne des canonniers auxquels il donnait de dix à douze sous par jour, il devait nécessairement traîner à sa suite des canons ; et d'ailleurs ce prince s'était déjà servi d'armes à feu contre les Écossais.

Le mot *canon* vient du latin ou de l'italien *canna*, qui veut dire *roseau*. Cette étymologie et l'expression pendant longtemps usitée de *bâtons à feu* tendent déjà à prouver que les premiers canons étaient extrêmement petits. En effet, il résulte de tous les documents du commencement du quatorzième siècle qu'on entendait alors par canon un simple tube cylindrique en fer forgé, très-étroit et très-court.

Nous avons d'ailleurs conservé au mot *canon* sa première acception, en appelant *canon de fusil* ou de pistolet le tube étroit en fer forgé qui sert aux armes portatives.

A la fin du quatorzième siècle et au commencement du quinzième, les armes à feu s'étaient multipliées à l'infini, et elles avaient pris toute espèce de formes : les unes, courtes et larges, ressemblaient à de vrais tonneaux, et lançaient des boulets de pierre qui avaient jusqu'à vingt-six pouces de diamètre (*Trésor de Chartres*), pesant environ mille livres; les autres, très-longues et très-étroites, avaient jusqu'à trente pieds de longueur, et lançaient des balles de plomb de six lignes de diamètre, ou de trente-trois à la livre (1). Entre ces deux limites extrêmes de l'échelle des calibres, il y avait une foule de subdivisions intermédiaires. La confusion qui existait dans les choses devait naturellement se retrouver dans les expressions, et à cette époque on donnait indifféremment à toute espèce de bouches à feu les noms de *canons*, *bombardes*, *bâtons à feu* ou *bâtons de canonnage*. En effet, on trouve dans les chroniques de Froissart, du maréchal Boucicaut, de J. Juvénal des Ursins, de Mons-

(I) Inventaire de l'artillerie de l'Hôtel de Ville de Paris, en 1505.

trelet, etc., les termes de *grosses bombardes* et de *canons,* tandis que Christine de Pisan, qui fait la description de l'artillerie française en 1400, n'emploie jamais l'expression de *bombarde,* et nomme *gros canons* les bouches à feu qui lançaient des pierres de 200, 300, 400 et ¿500 livres; *canons communs,* ceux qui lançaient des boulets moins volumineux, et *petits canons* ceux qui avaient pour projectiles des pierres irrégulières ou des balles de plomb.

D'autres documents prouvent qu'on donnait aussi le nom de *canons* aux petits calibres : ainsi Valentine, duchesse d'Orléans, voulant approvisionner ses châteaux et forteresses de Valois, de Beaumont, de Champagne, rend une ordonnance, le vingt-sixième jour de septembre 1408, pour qu'on achète 30 canons, 800 livres de poudre et 600 plombées pour armer toutes ces places ; ce qui prouve que ces canons lançaient une balle de plomb d'environ une livre et un tiers.

En 1418, le seigneur de Cornouailles, lieutenant du roi d'Angleterre, passa la Seine près du pont de l'Arche, ayant avec lui dans une nacelle un cheval chargé de petits canons (Monstrelet). Lobineau, dans son histoire de Bretagne, rapporte un compte d'un trésorier des guerres qui prouve qu'il y avait, en 1461, des canons dont la volée pesait 95 livres, et la boîte ou culasse 40 livres.

D'un autre côté, Monstrelet parle de petites bombardes, et Lampo Birago, qui écrivait en 1450, désigne sous ce nom toute espèce de bouches à feu.

Il faut dire aussi que les auteurs qui écrivirent en latin, même au seizième siècle, se servirent toujours du nom de *bombarde* comme terme générique : ainsi, on grava sur la *couleuvrine* qui tua le connétable de Bourbon, au siége de Rome :

Carlum Borbonium quondàm hæc BOMBARDA peremit ;
Utilior Romæ machina nulla fuit.

Quoi qu'il en soit, on peut faire la distinction suivante dans l'artillerie française du commencement du quatorzième siècle :

1° Les bombardes et les mortiers qui lançaient d'énormes boulets de pierre ;

2° Les canons *pierriers*, qui lançaient de petits boulets de pierre, et qui, étant les plus communs, furent appelés *vulgaires canons*, puis ensuite, par corruption, *veuglaires* tout court ;

3° Les petits canons, qui lançaient des balles de plomb. Les uns, d'après leur forme allongée ou la figure de leur bouche, étaient appelés *couleuvres, couleuvrines, serpentines* ou *crapauds d'eau*. Les autres, tels que l'*espringalle* ou *épingard*, et le *ribaudequin*, avaient conservé des noms affectés aux anciennes machines. Le ribaudequin consistait en un train à deux roues qui portait deux ou trois petits canons ;

4° Enfin, les armes portatives, qui se tiraient en les appuyant sur l'épaule, se nommaient *couleuvrines, hacquebuttes* ou *canons à main*.

Ainsi donc, si, à cette époque, le mot *canon* était appliqué en général à des pièces moins grandes que les bombardes, il ne désignait cependant pas une espèce particulière de bouche à feu ; mais, vers le milieu du quinzième siècle, un grand changement s'opéra dans l'artillerie par l'adoption des boulets en fer coulé, dont l'usage devint général en France. On put alors produire le même effet avec des canons d'un beaucoup plus petit calibre, puisque le projectile devint beaucoup plus dense ; et on adopta une pièce qui tenait le milieu entre les bombardes et les canons jusque-là employés, et qui fut appelée *courtaut*, à cause de la faible longueur de l'âme. Alors *canon* fut pris comme synonyme de *courtaut*, et devint le modèle de la pièce courte, de même que la *couleuvrine* resta le mo-

dèle de la pièce longue. Quant aux petites pièces,
elles prirent les noms de *faucons* et *fauconneaux*,
sacres, *émérillons*, etc., qu'elles conservèrent
longtemps.

Le courtaut fut donc, dès le règne de Charles VII,
le modèle du canon de siége et de bataille. Il consistait en un cône tronqué en bronze, dont le vide
intérieur était cylindrique, et qui dès lors fut uniquement destiné à lancer des boulets pleins en fer.
C'est pourquoi les Allemands, les Italiens et les
Anglais, en adoptant le canon français, adoptèrent
également l'expression de *courtaut*, dont les premiers firent *karthaun*, les seconds *cortaldo*, et les
troisièmes *curtall*.

En 1470, Louis XI fit couler à Tours douze gros
canons en bronze, surnommés les *douze pairs*, et
c'est à tort que plusieurs auteurs les ont confondus
avec les grosses bombardes que le même souverain fit foudre plus tard, en 1477 (*V.* la *Chronique
scandaleuse*).

Les contemporains ne nous apprennent pas quels
étaient les calibres de ces canons ; mais, en raison-
nant par induction, nous sommes portés à croire
qu'ils devaient lancer un boulet de fer de 48 à 50
livres.

En effet, à la même époque, Charles le Téméraire avait devant Nancy, en 1475, des courtauts qui lançaient des boulets aussi grands que le rond d'un chapeau (*Siége de Nancy*, par Huguenin).

Dans la mémorable conquête du royaume de Naples par Charles VIII, l'artillerie française avait, entre autres bouches à feu, des pièces appelées *canons* par Paul Jove, *courtauts* par d'autres écrivains, et qui lançaient des boulets de fer de la grosseur *d'une tête d'homme*, ce qui équivaut environ à un boulet de fer de 50 livres.

Louis XII avait, suivant Philippe de Clèves, de doubles courtauts de 80, des courtauts ou canons de 50 livres de balles.

Les canons de François Ier se distinguaient en doubles canons de 50, canons renforcés de 33, simples canons ou canons serpentins de 18. Biringuccio, qui est le premier écrivain militaire qui ait écrit, vers le commencement du seizième siècle, un ouvrage systématique sur l'artillerie, nomme les pièces de 50 *doubles canons*.

Charles-Quint avait des canons de 40, des demi-canons de 24.

Sous Henri II, on ne conserva que le canon

moyen entre le canon de 50 et celui de 18 ; ce fut le canon renforcé de 33.

L'édit de Blois de 1572 fixa le calibre du canon de France à 33 et 1/3 ; les autres calibres étaient la couleuvrine de 16 1/3, la bâtarde de 7 1/2, la moyenne de 2 1/2, le faucon de 1 1/2, le faucon-neau de 3/4.

Sous Henri IV, le double canon était de 42, et le canon de 33.

A cette époque, on distinguait dans l'artillerie allemande :

	Poids du projectile.
Le canon entier...................	48 liv.
Le 1/2 canon......................	24
Le 1/4 de canon...................	12
Le 1/2 quart de canon.............	6
Le 16e de canon...................	3
Le 32e de canon...................	1 1/2
Le 64e de canon...................	3/4

La pièce longue appelée *couleuvrine* avait à peu près les mêmes subdivisions.

Sous Louis XIV, il y eut encore au commencement de son règne des canons de 96, des canons diminués de 60 et des canons renforcés de 48 ; on appelait le canon de France, la pièce de 33 ; le demi-canon de France, la pièce de 16 ; le quart de canon de France, la pièce de 8. Il y avait en outre le demi-canon d'Espagne de 24, le quart de canon d'Espagne de 12, et des pièces courtes du même calibre, dites *de nouvelle invention.*

Enfin, sous Louis XV, l'ordonnance de 1732, rendue sous l'influence de Vallière, vint simplifier les dénominations, et il n'y eut plus que des canons de 24, de 16, de 12, de 8 et de 4.

En 1757, on adopta le *canon à la suédoise,* qui était une pièce légère de 4.

Gribeauval conserva les mêmes calibres du système Vallière. Il introduisit cependant un canon d'une livre, nommé *à la Rostaing.*

Sous le consulat, on voulut remplacer les pièces de 8 et de 4 par la pièce de 6, mais le perfectionnement apporté dans la construction des affûts et voitures de l'artillerie ayant permis de traîner avec facilité sur le champ de bataille des pièces de 8, on retrancha les pièces de 4 et les pièces de 6 ; et aujourd'hui l'artillerie de terre n'emploie plus que quatre calibres de canon : le canon de 24, de 16, de 12 et de 8.

Nous devons ajouter que, le 27 mai 1841, le

gouvernement français a adopté le canon de 30 en
fer coulé pour la défense des côtes.

Il est hors de notre sujet de parler des obusiers,
des mortiers et des pierriers.

Dès le quatorzième siècle, on construisit des canons en fer forgé, en bois, en fonte de fer, en
bronze.

Canons en fer forgé.

Le fer forgé, métal tenace, élastique et facile à
travailler, fut la première matière employée à la
construction des bouches à feu. Les documents les
plus anciens relatifs à l'introduction de l'artillerie à
feu font mention de canons en fer. Dom Vaissète,
dans son *Histoire du Languedoc*, rapporte l'achat
fait à Toulouse, en 1345, de deux canons en fer
(*pro duobus canonibus ferri*). Ces premières armes consistaient en un tube cylindrique en fer
forgé d'un petit diamètre, assez court, et fermé à
la culasse par la soudure du métal. Elles étaient
destinées à lancer des balles de plomb; mais comme
en même temps on voulut se servir des gros boulets de pierre qui étaient déjà en usage pour les
anciennes machines, on construisit également des

3

bouches à feu très-courtes, d'un très-gros diamètre, et qui avaient la forme d'un vase ou d'un cône
tronqué. Gasperoni nous a laissé des dessins de ces
espèces de mortiers.

De ces deux bouches à feu naquirent plusieurs
formes et constructions différentes. On commença
d'abord par les réunir, c'est-à-dire que le petit cylindre nommé *canon*, ou *boîte*, ou *chambre*, servit à renfermer la charge de poudre, et fut joint à
la partie postérieure du tronc du cône à large ou-
verture nommé *volée*, qui contenait le projectile.
Ces deux parties furent tantôt fixées invariable-
ment l'une à l'autre, tantôt construites de manière
à pouvoir être séparées. Dans ce dernier cas, on les
réunissait pour tirer de la manière suivante. La
volée était encastrée dans un large bloc de bois, et
retenue avec des cercles en fer. La boîte ou canon,
dont l'extrémité s'emboîtait exactement dans la
culasse de la volée, était également encastrée dans
ce bloc de bois, et un coin de fer enfoncé verticalement derrière la boîte lui permettait de résister à
l'effort horizontal occasionné par le tir. Pour en-
foncer ce coin, qu'on appelait *laichet*, on avait
besoin d'un marteau, et pour le retirer des tenailles
étaient nécessaires. C'est ce qui explique pourquoi,

dès 1358, on trouve dans un compte de la ville de Forlì : *Pro uno martello et uno pari tanagliarum ferri pro carigando bombardas* (Fantuzzi). On voit aussi dans les comptes de Saint-Omer, de 1306 à 1342 : *A Colard du Loquin, pour un laichet mis pour fremer les boisles sous l'engien dont on trait les dis canons*, 11 *solz* (Monteil). Il faut remarquer dans cette dernière construction que, si l'on introduisait la poudre par la culasse, on était obligé de mettre le boulet par la bouche. Ces premières formes subirent une foule de transformations. Afin de contenir une plus grande charge, on augmenta la boîte considérablement, et son diamètre devint égal à celui de la volée, qui à son tour prit la forme cylindrique. Car on avait reconnu que cette forme était nécessaire afin que le boulet restât plus longtemps soumis à l'action des gaz, et qu'il ne sortît pas de la bouche à feu avant la complète inflammation de la poudre. Par la même raison, on augmenta la longueur des pièces. Pour les petits calibres, on se borna pour cet effet à construire un tube cylindrique en fer forgé, d'une grande longueur et d'une seule pièce ; mais cette construction offrant de grandes difficultés pour les gros cylindres dès que la longueur dépas-

sait une certaine limite, on les forgea de plusieurs
parties ; et parmi ceux-ci il faut distinguer encore
les pièces qui se chargeaient par la culasse de
celles qui se chargeaient par la bouche comme nos
canons actuels. Pour les premières, les constructions ressemblaient à celle que nous avons déjà
décrite, sauf que toute la pièce avait la forme d'un
tronc conique, et que la partie supérieure du corps
du canon était ouverte pour recevoir une boîte qui
contenait la charge de poudre ; et cette boîte était
fixée au moyen d'un coin contre la culasse, au lieu
de l'être, comme primitivement, contre le bois de
l'affût. Souvent aussi les canons étaient complète-
ment séparés en deux parties, dont l'une, taraudée,
se réunissait à l'autre, munie d'un pas de vis.

L'usage de charger le canon par la culasse, qui
remonte, comme on voit, au quatorzième siècle,
fut successivement abandonné et repris ; et aujour-
d'hui il est adopté pour les fusils de rempart.

Quant aux canons en fer forgé qui se chargeaient
par la bouche, ils étaient en général construits de
la manière suivante : l'âme était formée d'une
tôle d'environ quatre ou cinq lignes d'épaisseur ;
cette tôle était roulée en forme de cylindre, ou
bien elle était composée de plusieurs pièces qui

s'assemblaient comme les douves d'un tonneau. Pour renforcer cet assemblage, on le recouvrait d'une enveloppe faite de manchons ou de cylindres en fer placés joints à joints ; ces joints étaient recouverts eux-mêmes par des anneaux extérieurs plus rapprochés entre eux du côté de la culasse, ce qui donnait à tout ce système la solidité requise. Les pièces de Charles le Téméraire, prises par les Suisses à Granson et à Morat, sont ainsi construites. Quelques-unes ont des tourillons, mais point d'anses. Quelquefois aussi ces pièces consistaient en barres de fer forgées ensemble et reliées par des cercles. Quoiqu'on ait adopté de bonne heure les canons en bronze, on conserva longtemps les canons en fer forgé. D'après Texier de Norbec, Charles-Quint avait des pièces en fer forgé pleines et forées. En 1744, il fut fabriqué aux forges de Guerigny des pièces de 8 et de 4 en fer forgé. Enfin, Gassendi fait la description d'une pièce de 8 en fer forgé, fabriquée en 1810 par la compagnie Étienne de Lyon.

On conçoit les tentatives faites pour employer le fer forgé comme métal des bouches à feu, car la ténacité du fer forgé étant 1, celle du bronze est de 13/15, et celle de la fonte 3/15. Mais, à part les

difficultés de construction, les pièces en fer forgé
seraient facilement oxydables, et leur trop grande
légèreté ferait briser leurs affûts. On a conservé le
fer forgé uniquement pour les armes à feu portatives.

Canons en bois et en cuir.

Les canons en bois et en cuir furent construits
de la même manière que les canons en fer forgé de
Charles le Téméraire, avec cette différence que les
manchons en fer étaient remplacés par des douves
de bois cerclées par des anneaux en fer. Enfin, on
appela *canons de cuir* ceux dont les douves en bois
dont nous venons de parler étaient renforcées par
des cordes mastiquées et couvertes par des lanières
en cuir. Gustave-Adolphe avait à la bataille de
Leipzig des canons de cette espèce. Les *canons en
bois* furent usités jusqu'au dix-septième siècle pour
lancer des balles à feu ; au siége de Hulst, les as-
siégés s'en servirent contre les Espagnols en 1596.

Canons en fonte de fer.

Si l'on en croit le capitaine Moritz-Meyer, on
fondit à Erfurth, en 1377, des canons en fer coulé.

Cependant, il est probable qu'à cause des difficultés que présentent le bon emploi des hauts fourneaux et les qualités cassantes de la fonte, on fit peu usage de ce métal. Cependant, parmi les pièces prises par les Suisses à Granson et à Morat, il s'en trouve une en fer coulé, qui existe encore à l'arsenal de la Neuville, dans le canton de Berne. Son calibre est de deux pouces. On a trouvé en 1844, à Péronne, une boîte d'un ancien canon qui pèse soixante kilogrammes, et qui est en fonte de fer.

Collado et Uffano, qui écrivaient de 1593 à 1606, disent qu'on ne fit jamais de bombardes en fonte de fer, ce qui est naturel à concevoir, à cause du peu de ténacité du métal. La métallurgie ayant fait des progrès, on se servit au dix-huitième siècle de bouches à feu en fonte de fer pour la marine, et ensuite pour les côtes, parce qu'alors on pouvait sans inconvénient augmenter leur poids et leur donner une grande épaisseur de métal. Mais, pour l'artillerie de terre, il n'y a que la Suède qui soit parvenue jusqu'à présent à employer la fonte, même pour les bouches à feu de place et de campagne. Gustave-Adolphe et Charles XII avaient dans leurs armées des canons de bataille en fer coulé.

Canons en bronze.

Une ordonnance du roi Jean, qui remonte à 1354, et dont on doit la découverte au savant M. Lacabane, prescrit aux généraux des monnaies de ne point laisser exporter de cuivre, afin d'en faire de l'*artillerie*. Ce document prouve qu'à cette époque les canons en cuivre ou en bronze étaient déjà connus. En 1400, ils n'étaient cependant pas très-communs, puisque Christine de Pisan, qui fait l'énumération de deux cent quarante-huit canons, n'en désigne qu'un seul, nommé *Artigue*, comme étant en cuivre ou en bronze, car l'addition de l'étain au cuivre ne changeait pas, à cette époque, la dénomination du métal.

Alliage. Depuis qu'on a construit des bouches à feu en bronze, l'alliage a très-peu varié. On l'a presque toujours composé de huit ou dix parties d'étain sur cent parties de cuivre. C'était l'alliage employé du temps de Louis XII, et probablement de Charles VIII et de Louis XI. Le bronze doit sa ténacité au cuivre et sa dureté à l'étain ; mais si l'on augmente la proportion d'étain au delà d'une certaine limite, la chaleur produite par l'inflammation de la poudre occasionne la fusion et l'oxydation

du métal ; si, au contraire, on augmente la proportion du cuivre, le bronze s'amollit et n'offre
plus assez de résistance à l'action explosive de la
poudre. Comme le bronze est un métal assez mou,
tandis que la fonte de fer dont est composé le boulet
est un métal très-dur, il en résulta de tout temps de
graves inconvénients ; car le boulet, par la pression que le gaz exerce sur sa partie supérieure ou
par ses battements dans l'âme, produit des cavités
qui mettent bientôt les pièces hors de service.

Au seizième siècle, un canon en bronze ne pouvait pas tirer plus de cent vingt coups par jour, et
encore on le rafraîchissait après chaque coup avec
du vinaigre.

Avant la modification importante apportée par
le colonel Piobert à l'emplacement de la charge
de poudre dans les canons de siége, ceux-ci, au
bout de huit cents coups, devaient être refondus.
Aussi a-t-on cherché, sans y être encore parvenu, à
remplacer pour l'artillerie de terre le bronze par
un métal dur et plus résistant. Aujourd'hui cependant on essaye, dans les différentes écoles d'artillerie, un nouvel alliage qui est le secret de l'inven-
teur, et qui jusqu'à présent semble répondre à
toutes les conditions de durée.

3

Fabrication. Les anciens étaient déjà très-experts dans le coulage des bouches à feu en bronze, par cette raison que, bien avant l'invention de la poudre, la fabrication des cloches en bronze était très-répandue. En effet, Léouard de Vinci, Biringuccio et Vigénère décrivent la fabrication des bouches à feu en bronze presque comme elle s'exécute encore maintenant.

On distingue sept opérations principales dans la fabrication des bouches à feu : le moulage, la fusion, le coulage, le forage, le tournage, le percement de la lumière et l'épreuve.

Le *moulage* en terre consiste à tourner sur un *trousseau* un modèle de canon du calibre prescrit, à mettre de l'argile apprêtée sur ce trousseau jusqu'à ce que la forme soit exacte. Le modèle séché, on tamise de la cendre dessus, on met plusieurs couches successives de nouvelle terre, on lie cette terre par des barres et des cercles de fer, et on laisse sécher les moules dans cet état ; on retire ensuite le trousseau, on brise le modèle, et le moule reste. C'est ce qui s'appelle *déchaper*. On moule séparément le corps du canon et la culasse, ainsi que les tourillons et les anses ; on ajuste la culasse au corps du canon, et l'on transporte le moule dans la fosse où l'on doit couler. Quoique le moulage en sable ait réussi quelquefois, et qu'il soit plus économique et plus expéditif que le modelage en terre, on l'a abandonné, parce qu'il était moins sûr à cause des soufflures qui se présentent souvent à l'intérieur des pièces.

La *fusion* s'opère dans des fourneaux à réverbère, et l'étain devenant liquide à une moins haute température que le bronze, on ne le jette dans la fusion qu'une demi-heure avant la coulée si l'on emploie du vieux bronze, et une heure si c'est du bronze neuf.

Coulage. Il y a plusieurs manières de couler : 1° le coulage à noyau; 2° le coulage à noyau et à siphon ; 3° le coulage plein. Dans toutes ces opérations, on place la volée en haut et la culasse en bas, parce qu'il y a avantage à obtenir dans cette dernière partie le métal le plus pur, qui toujours reste au fond, tandis que les matières étrangères surmontent le bain.

Le premier coulage fut à noyau : il consiste à placer dans le moule un noyau ou cylindre en fer qui a la forme exacte de l'âme; il est soutenu vers la culasse par un châssis appelé *chapelet ;* le moule est surchargé d'une quantité assez considérable de métal en fusion appelé *masselotte*, qui, par son poids, comprime le métal.

Avec le coulage à noyau, la pièce n'avait pas besoin d'être forée. Le déchet était moins considérable; la fonte prenait une densité uniforme dans toutes ses parties, et même une espèce de trempe au contact du noyau, ce qui rendait la surface de l'âme plus dure; cependant, il y avait souvent des soufflures, les dilatations inégales du noyau faussaient l'âme, qui n'était plus concentrique à l'axe de la pièce. En 1683, les frères Keller essayèrent à Strasbourg le coulage à noyau et à siphon. Par ce nouveau procédé, la fonte arrivait par en bas au lieu d'arriver par en haut, et on évitait les soufflures. Cependant on objectait que le métal pouvait se refroidir en montant, et que, n'étant plus pressé par le poids de la masselotte, il n'avait pas la densité requise. En 1748, Maritz introduisit le coulage plein aujourd'hui en usage. En forant la masse de métal, on obtient une âme parfaitement droite et concentrique; le bronze a plus de cohésion, parce que, la masse étant plus grande, les matières restent plus longtemps fluides, et on a un affaissement plus libre que dans le coulage à noyau. Cependant on objecte que, dans le coulage plein, l'étain se réunit vers l'axe de la pièce et altère l'alliage de la partie de la masse qui reste après le forage.

Forage, alésage. Biringuccio décrit dès 1540 un alésoir horizontal pour rendre l'âme des pièces parfaitement cylindrique. Le forage ne vint naturellement en usage que depuis le coulage plein. Autrefois on forait la pièce en la posant verticalement; son poids la faisait descendre sur le foret, dont la barre servait d'axe à un manége que des chevaux faisaient tourner. Les frères Maritz inventèrent le *forage horizontal*, qui consiste à faire tourner le canon et avancer le foret, ce qui permet de percer plus régulièrement le canon.

Tournage. Autrefois on se contentait de limer la surface des pièces, ce qui empêchait de remarquer les taches d'étain et les défauts de coulage. Gribeauval fit adopter la méthode de les tourner.—La lumière se perçait avec des forets dans la masse de lumière, lorsque celle-ci était employée; mais depuis que les grains sont en usage, on perce dans la pièce un trou d'un diamètre égal à celui du filet intérieur du grain, et ensuite on y taraude un pas de vis.

Vérification et épreuve. La vérification des canons se faisait autrefois d'une manière très-incomplète, non-seulement parce qu'on n'avait pas d'instruments assez exacts pour découvrir les imperfections ou les défauts, mais aussi parce qu'il n'y avait rien de réglé sur les dimensions principales du canon, qui dépendaient entièrement de la volonté du fondeur. Les seuls instruments de vérification qu'on trouve chez les anciens auteurs sont un compas d'épaisseur et des règles parallèles. Cependant Tartaglia donne la description d'un instrument propre à vérifier si l'âme des pièces est concentrique. Cet instrument manque encore aujourd'hui. Le *chat* servait déjà dans le dix-huitième siècle pour reconnaître les cavités existantes dans l'âme. Gribeauval inventa un instrument beaucoup plus perfectionné, mais dans le même genre, surnommé l'*étoile mobile*. Il y a en outre aujourd'hui une double équerre à coulisse et à nonius, pour mesurer les tourillons, deux lunettes pour mesurer tout ce qui doit avoir les dimensions du calibre lui-même, une règle à fourche et à coulisse, une grande règle à croix, etc.

Les premières bouches à feu, étant très-imparfaitement construites, durent éclater souvent. On devait donc avoir eu l'idée, dès le principe, de les essayer en les tirant avec précaution et même sans précaution, car nous voyons en 1460 Jacques II, roi d'Écosse, mourir par l'éclat d'une bombarde qu'il faisait essayer, et cet accident se renouveler à Paris, sous Louis XI, en 1477. Les anciennes poudres étaient très-peu *brisantes*, de sorte qu'on pouvait impunément essayer les pièces en les chargeant avec la charge *maximum*; mais lorsque les progrès de la fabrication rendirent les poudres d'une conflagration plus vive, on trouva qu'il était inutile de soumettre les canons à une épreuve qui excédât de beaucoup trop la pression qu'ils étaient appelés à supporter dans la pratique.

Au seizième siècle, on faisait l'épreuve des pièces en appuyant la culasse contre le mur, et on les tirait trois ou quatre fois à la charge égale au poids du boulet.

Par l'ordonnance de 1732, l'épreuve fut réglée à trois coups : la charge du premier égale à la pesanteur du boulet, et les deux autres aux 2/3 ; par l'ordonnance de 1744, la charge d'épreuve fut réglée à cinq coups, dont la charge des deux premiers serait égale aux 2/3 tiers du poids du boulet, et des trois autres à la moitié du poids du boulet.

Formes extérieures et détails de construction.

Les canons en bronze subirent à peu près dans la forme les mêmes transformations que les canons en fer forgé. Le canon fut d'abord un cylindre parfait, puis on renforça le pourtour de la chambre, ce qui lui donna la forme de deux cylindres joints ensemble. Tels étaient les canons d'Orléans en 1428. Comme on s'aperçut que les pièces se fendaient souvent par la volée, on renforça le métal sur toute l'étendue de l'âme, et la ligne supérieure devint la génératrice d'un tronc de cône parfait. Les canons de Henri II étaient ainsi construits. Mais ensuite on ne fit pas décroître les épaisseurs uniformément depuis la culasse jusqu'à la bouche, et le canon devint un assemblage de trois cônes tronqués dont les ressauts, raccordés par des moulures, furent appelés *renforts*. Parmi les canons de bronze, il y en avait qui se chargeaient par la culasse au moyen de boîtes fixées par un coin comme celles dont nous avons parlé pour les pièces en fer forgé, ou bien la volée se vissait sur la culasse. Les canons employés au siége d'Orléans en 1428 avaient la partie supérieure du corps du canon ouverte, pour qu'on pût y introduire *verticalement* une boîte en bronze contenant la charge de poudre. Cette boîte, qui entrait exactement dans la section pratiquée au canon, ne pouvait pas se mouvoir horizontalement; mais, pour qu'elle ne pût pas se soulever de bas en haut par l'effet du tir, elle était fixée par un fléau ou barre en fer qui s'appliquait sur toute la surface supérieure de la pièce. Sous François Iᵉʳ et Henri IV, on fit encore des canons qui se chargeaient par la culasse de la manière suivante. La pièce était percée cylindriquement d'outre en outre; mais, près de la culasse, l'âme était agrandie, afin de pouvoir la refermer, après y avoir mis la charge, par une masse cylindrique de métal appelée *mâle*, qui était retenue par un cône en bronze ayant au gros bout plus d'un calibre d'épaisseur, et qui traversait verticalement le mâle et le métal de la pièce. Mais le courtaut ou canon qui vint en usage sous Louis XI et Charles VIII était un tronc de cône tout d'une pièce, ayant un renfort à sa culasse, des tourillons, un renflement près de la bouche, qui se nomme encore aujourd'hui *bourrelet en tulipe*, parce qu'on conserva pour les pièces en bronze l'usage pratiqué pour les pièces en fer forgé, de simuler en relief sur cette partie du canon des feuilles de tulipe. La volée, c'est-à-dire, la partie du canon qui s'étend depuis les tourillons jusqu'à la bouche, était quelquefois à 6 ou 8 pans au lieu d'être tronc conique. Ces canons n'avaient ni cul-de-lampe, ni bouton de culasse, ni anses, ni embases pour les tourillons. Les anses, qui sont placées au-dessus du centre de gravité de la pièce, et qui servent à la suspendre dans les manœuvres de force, ne vinrent en usage que sous Charles-Quint. On les appela *dauphins* jusqu'à Louis XV, parce qu'elles avaient la forme de ces animaux marins. En Allemagne, encore aujourd'hui, les anses sont appelés *delfines*. Cependant, d'après les dessins que nous possédons de l'artillerie de Henri II et de Charles IX, il paraîtrait que les anses n'étaient pas généralement en usage en France au seizième siècle.

Depuis Charles-Quint, la culasse de la pièce est formée par un renfort de métal perpendiculaire à l'axe, qui se nomme *cul-de-lampe*, parce qu'il en a la forme. Le centre de ce cul-de-lampe est le bouton de culasse qui sert de point d'appui et de point d'attache pour les manœuvres de force. Ce n'est que depuis Gribeauval que les tourillons sont renforcés à leur base par un renfort cylindrique et concentrique aux tourillons qu'on nomme *embase*.

Enfin, pour faciliter le pointage, le point le plus élevé de la culasse était muni d'une tige en cuivre non mobile, percée d'un trou pour guider l'œil du canonnier, et le point le plus élevé du bourrelet était indiqué par un bouton de mire ; mais comme ces points en relief et inamovibles n'étaient utiles que lorsque la pièce se trouvait placée horizontalement, et que, dans le cas contraire, ils pouvaient induire en erreur, on les a remplacés par des entailles appelées *crans de mire*. Les canons de campagne seuls ont des *hausses*, c'est-à-dire, une tige en cuivre, mobile et graduée, et qu'on fixe au moyen d'une vis de pression pour donner les degrés d'élévation à la pièce.

Forme intérieure.

Depuis l'origine des bouches à feu, on avait pris l'habitude de renfermer la charge de poudre dans un espace cylindrique plus étroit que l'âme de la pièce. Cette disposition, avantageuse pour les petites charges, ne l'était pas pour les grandes, car il eût fallu donner une longueur immense à cette chambre pour y mettre les 50 ou 80 livres de poudre dont on chargeait les courtauts, sous Louis XI, Charles VIII et Louis XII. L'âme devint donc cylindrique. Cependant, sous Charles-Quint, quelques canons avaient une chambre qui se joignait à l'âme sans ressaut de métal, et comme elle allait en s'élargissant du fond vers l'entrée en forme de *campane* ou de cloche, ces canons furent nommés *canons campannés* ou *encampannés.*Cette forme avait certains avantages, et Gassendi dit à ce sujet que c'est la vraie forme que devrait avoir l'âme des canons pour leur donner plus de durée et plus de portée. Le colonel Piobert ne partage point cette opinion ; et, en effet, cette chambre ne serait avantageuse pour les canons que si la charge remplissait toujours entièrement et exactement la chambre.

Sous Louis XIV, on adopta les canons espagnols dits *de nouvelle invention,* qui avaient des chambres sphériques d'un calibre et demi de diamètre. Elles avaient l'avantage d'être plus courtes, plus légères, sans perdre de leur effet ; mais ces pièces brisaient leurs affûts, et de plus il était très-difficile d'y introduire l'écouvillon pour les nettoyer. Dans le système d'artillerie de Vallière, on construisit au fond de l'âme une petite chambre cylindrique très-étroite, qu'on appela *chambre porte-feu*. La lumière aboutissait au fond. De cette manière, l'épaisseur du métal que traversait le canal porte-feu était beaucoup plus grande, et le boulet se déplaçant dès l'inflammation de la poudre contenue dans cette petite chambre, la tension des. gaz qui s'échappaient par la lumière était moins considérable, et celle-ci se détériorait moins promptement; mais on conçoit la difficulté de nettoyer ce vide intérieur. Gribeauval abolit cette chambre porte–feu, et aujourd'hui l'âme des canons est un cylindre parfait, terminé par un plan perpendiculaire à l'axe et raccordé par de petits arcs de cercle.

Dimensions principales.

Dans les premiers canons cylindriques, la ligne de mire, c'est-à-dire la ligne qu'on suppose être tangente dans un plan vertical aux deux plus grands cercles extrêmes de la bouche à feu. était parallèle à l'axe; mais, dès qu'on adopta la forme de cône tronqué, la ligne de mire se trouva inclinée d'une certaine quantité sur l'axe de la pièce, et en supposant ces deux lignes prolongées, elles devaient se rencontrer et former un angle. C'est ce qu'on appela l'*angle de mire naturel*. Cet angle devait avoir une influence sur le tir, car on conçoit que si, pour pointer, on dirige la ligne de mire sur le but en la plaçant horizontalement, l'axe de la pièce se trouvera relevé au-dessus de l'horizon d'une quantité égale à l'angle de mire. La portée ainsi obtenue s'appelle *portée de but en blanc naturel*. L'angle de mire naturel est d'un peu plus d'un degré pour les canons de siége, et d'un peu moins d'un degré pour les canons de bataille. On distingue donc, dans les canons, les dimensions qui ont de l'influence sur la justesse du tir et celles qui règlent la construction des affûts. Les dimensions qui influent sur le tir sont : le demi-diamètre à la plate-bande de culasse, le demi-diamètre au plus grand renflement du bourrelet, et la distance qu'il y a entre ces deux demi-diamètres. Les dimensions nécessaires pour la construction des affûts sont : la longueur de la pièce depuis la plate-bande de la culasse jusqu'au derrière des tourillons, le diamètre de la plate-bande de culasse, la longueur des tourillons, leur diamètre, ces deux quantités égales jusqu'en 1839, l'écartement des embases en arrière des tourillons, et enfin la longueur totale du canon.

Axe des tourillons. Depuis que le canon fut
suspendu sur son affût au moyen de deux saillies
nommées *tourillons*, ces parties supportèrent à
elles seules tout l'effort du recul de la pièce. Par
cette raison, la position de l'axe de ces tourillons
par rapport à l'axe de la pièce et à son centre de
gravité ne devait pas être sans importance. En
effet, comme c'est autour de cet axe que s'effectue
le mouvement de rotation de la pièce, s'il n'était
pas placé en avant du centre de gravité du système, la pièce tendrait toujours à s'abaisser vers la
volée, ce qui donnerait de l'incertitude au tir; mais
comme d'un autre côté, il faut, pour la facilité du
pointage, que la culasse puisse s'élever aisément,
il y a, suivant le calibre des pièces, une limite à
fixer. On entend par *prépondérance* d'un canon la
pression supportée par la vis du pointage lorsque
l'axe de la pièce est horizontal. Cette prépondérance
est d'environ $\frac{1}{20}$ du poids total de la bouche à feu
pour les canons de siége et de place, et de $\frac{1}{14}$ pour
les pièces de campagne.

L'axe des tourillons par rapport à l'axe de la
pièce peut être dans le même plan horizontal ou
au-dessus ou au-dessous de ce plan. Quand l'axe
des tourillons est dans le même plan horizontal

que l'axe de la pièce, l'effort qui produit le recul se fait directement dans le sens horizontal, et le recul est le plus grand possible. Quand l'axe des tourillons est au-dessous, la force appliquée aux tourillons tend à imprimer un mouvement de rotation d'autant plus violent que la distance entre les deux axes est plus considérable. Dans ce cas, le recul est diminué, mais la pression verticale sur le point où repose la culasse est augmentée. Quand l'axe des tourillons est au-dessus de l'axe de la pièce, le mouvement de rotation se fait en sens inverse; mais comme ce mouvement tend à soulever la crosse, le recul est plutôt augmenté que diminué, les susbandes sont promptement faussées, et ces effets sont d'autant plus grands que la pièce est longue et que sa masse est faible. L'abaissement de l'axe des tourillons, peu nuisible pour les pièces de siége, le serait beaucoup pour les pièces de campagne.

Dans les canons de Charles le Téméraire, l'axe des tourillons coïncide avec l'axe de la pièce. Il en est de même des canons de Charles VIII. Mais ce qui prouve que déjà les anciens canonniers avaient remarqué l'influence que leur position exerce sur le recul et sur l'affût, c'est que nous voyons, dans une couleuvrine de 24, fondue en 1526 et prise par Charles-Quint au château de Gotha, les tourillons placés complétement au-dessus de la pièce, de sorte que l'axe paraît coïncider avec la partie supérieure du canon.

Au dix-huitième siècle, l'axe des tourillons de tous les canons était d'un demi-calibre au-dessous de l'axe de la pièce. Gribeauval diminua cette distance pour les pièces de campagne, et la porta à un douzième de calibre.

Embases. Pour renforcer les tourillons, dont le métal est moins dense, parce que, dans le coulage, l'affaissement du bronze s'y fait librement sans être comprimé comme les autres parties par le métal superposé, Gribeauval ajouta des embases qui avaient surtout l'avantage de maintenir la pièce plus solidement sur son affût. Ce but fut principalement atteint lorsqu'on construisit leur tranche perpendiculaire à l'axe des tourillons, et que les flasques des nouveaux affûts furent parallèles.

Lumière. Dès qu'on se servit des canons en bronze, on s'aperçut que l'explosion de la poudre agrandissait à un tel point la lumière, que les pièces étaient bientôt mises hors de service. Il est probable que, dès Louis XII, on chercha à remédier à

4

ce défaut en mettant à froid ou à chaud un coin de fer percé d'un trou à la place de la lumière ; du moins il est certain que, sous Louis XII, on eut recours à ce procédé ; car Philippe de Clèves nous apprend qu'*il est grand besoin d'avoir gens qui sachent vérouiller les lumières lorsqu'elles ont été agrandies*. Du temps de Henri II, Vigenère dit qu'on y plaçait, en les fondant, une clavette d'acier. D'après un autre auteur, nous voyons que cette clavette était un morceau de fer, tronc conique dont la base la plus large était placée dans le moule du côté de l'âme de la pièce et la plus petite en dessus ; mais il ajoute que les fondeurs se plaignaient beaucoup de la difficulté de la construction. Aussi cela se perdit bientôt, et on se contenta de réparer la lumière en y coulant du nouveau métal après avoir fortement chauffé la pièce, et en perçant une autre lumière dans ce métal. Plus tard, on imagina d'adapter aux bouches à feu, pendant l'opération de la fonte, des masses de lumière en cuivre rouge écroui, métal beaucoup moins fusible que le bronze. Enfin, seulement sous Gribeauval, on adopta les grains de lumière qui se vissent à froid, ce qui permet de les remplacer facilement.

Indépendamment de la qualité du métal de la lumière, sa position par rapport à l'axe de la pièce a été pendant longtemps un sujet de controverse. Dans les premières bouches à feu, le canal de la lumière était perpendiculaire à l'axe de la pièce. Plus tard, on inclina la lumière, afin que le canal aboutît au milieu de la charge. Aujourd'hui la lumière aboutit à deux ou trois lignes en avant du fond de l'âme, et, inclinée de la culasse vers la volée, elle fait avec la verticale un angle de 15°. Cette inclinaison légère est donnée pour que le dégorgeoir atteigne facilement la charge. Si le canal de lumière aboutissait en avant de la poudre, il serait d'abord difficile de tirer à petite charge, et puis le boulet étant déplacé par l'inflammation des premiers grains de poudre avant que toute la charge fût complétement comburée, il y aurait perte de force, car les gaz se développeraient dans un plus grand espace, ce qui diminuerait leur tension ; il en serait de même si la lumière venait aboutir au milieu de la charge. La position en arrière de la charge est donc la plus favorable : elle donne en outre la facilité d'expulser toutes les parties enflammées du sachet. D'après les expériences rapportées par le colonel Piobert, la position actuelle est

aussi la plus favorable pour la conservation des
pièces.

Longueur, poids des canons, épaisseur du métal,
exprimés en calibres.

De même que les architectes avaient pris pour
module le diamètre inférieur de la colonne, et les
anciens ingénieurs le diamètre des câbles de tor-
sion pour la construction des balistes et des cata-
pultes, de même on prit au quinzième siècle le
diamètre des projectiles ou celui des bouches à feu
pour la base à laquelle on devait rapporter toutes
les autres mesures. D'après le capitaine Moritz
Meyer, ce fut en 1540 que Hartmann, de Nurem-
berg, inventa la mesure en calibre (*scala calibro-
rum*); mais nous croyons que bien auparavant on
avait basé les mesures de l'artillerie sur l'ouver-
ture de la bouche du canon, et nous trouvons dans
un compte des guerres de 1431 le mot *kalibre*
employé pour désigner le diamètre du boulet.

Il était naturel d'évaluer en diamètres toutes les
dimensions principales du canon, car le diamètre
indiquait le poids du projectile, et, partant, le poids
de la charge de poudre; la charge, à son tour,

réglait la longueur du canon, l'épaisseur du métal, et, partant, le poids de la bouche à feu.

La *charge* dépend non-seulement du poids, mais aussi de la densité du projectile. Lorsqu'on se servait de boulets de pierre, la quantité de poudre était réglée (selon les plus anciens manuscrits) au neuvième du poids du projectile. Lorsqu'on adopta les boulets en fer coulé, la charge de poudre fut égale au poids du boulet. Il en fut ainsi jusqu'à Henri II. Alors la fabrication de la poudre étant améliorée, on réduisit la charge aux 2/3; puis, en 1740, Bélidor la réduisit à la moitié, puis Gribeauval au 1/3, et même aujourd'hui il y a en Angleterre et en Hanovre des pièces de campagne dont la charge n'est que le 1/4 du poids du projectile.

La *longueur des pièces* dépend de la charge de poudre, c'est-à-dire de la vitesse d'inflammation de cette poudre et de l'espace que la charge occupe dans l'âme. Car dans une même bouche à feu, plus cette charge est considérable, plus elle occupe de place en longueur, et plus par conséquent le chemin que le boulet a à parcourir dans l'âme est diminué.

Si on néglige les causes retardatrices, le boulet acquiert d'autant plus de vitesse qu'il reste plus longtemps soumis dans la pièce à l'action impulsive des gaz, et cette action n'aura atteint son maximum que lorsque toute la charge aura été comburée dans le plus bref délai possible; mais comme la tension des gaz diminue à mesure que l'espace dans lequel ils se dégagent augmente et à mesure que la chaleur produite par l'inflammation de la poudre décroît, l'expérience a prouvé que le boulet, arrivé à une certaine distance de son point de départ, éprouve par les battements contre les parois du canon et par la pression atmosphérique une résistance plus forte que l'accroissement de vitesse qu'il acquerrait en restant plus longtemps dans l'âme. Il y a donc une limite de longueur pour chaque calibre, passé laquelle la vitesse initiale du boulet diminue à mesure que la longueur augmente, et cette limite sera d'autant plus rapprochée de la culasse que l'inflammation de la poudre aura été plus rapide.

Une foule d'expériences ont été faites sur ce point depuis Charles-Quint jusqu'à nos jours, et on a trouvé que la longueur d'âme la plus favorable était de 17 calibres pour la charge d'un quart, de 18 à 19 pour la charge d'un tiers, de 19 à 21 pour la charge de la moitié.

Les courtauts ou canons de 50, de Charles VIII, Louis XII et François Ier avaient 13 calibres de longueur. Le canon de 33, sous Henri II, Charles IX et jusqu'à Louis XIV, avait 20 à 21 calibres de longueur.

Par l'ordonnance de 1732, les canons de siége et de place avaient 21 à 23 calibres de longueur, les canons de campagne, de 24 à 26. Dans le système de Gribeauval, la longueur des gros calibres resta la même, mais celle des pièces de campagne fut réduite à 17 calibres.

L'épaisseur du métal dépend de la force expansive de la poudre; et comme celle-ci diminue à mesure que le boulet se déplace, il est clair que l'épaisseur doit être beaucoup moins grande à la volée qu'à la culasse.

Le général Lamartillère prétend qu'il y aurait avantage à donner aux canons la forme d'un cône tronqué régulier ; on supprimerait ainsi les renforts et les moulures, ce qui apporterait plus de simplicité dans le moulage, et il avance que, la tension des gaz diminuant uniformément, l'épaisseur du métal doit diminuer uniformément aussi. La proposition peut être bonne, mais la raison donnée pour ce changement ne l'est pas, car d'après la loi de Mariotte, qui suppose la tension des gaz proportionnelle à leur densité, il faudrait des ressauts de métal bien plus prononcés que ceux que nous avons aujourd'hui.

La première poudre était d'une inflammation très-lente; elle était en pulvérin, au lieu d'être grainée, et, d'un autre côté, les projectiles étant moins denses, et par conséquent occupant un plus grand volume, l'épaisseur du métal pouvait être et était en effet beaucoup moins considérable qu'elle ne le fut depuis; mais lorsqu'on commença à grainer la poudre, à faire usage de boulets de fer et à employer de très-fortes charges, on fut obligé de donner beaucoup d'épaisseur aux canons; ils eurent souvent plus d'un calibre d'épaisseur à la culasse. Sous Charles-Quint, les canons communs avaient un calibre à la lumière, 1/8 de calibre aux tourillons, et 1/2 près de la bouche. Les canons renforcés avaient à la lumière 1 1/8 calibre, aux tourillons un calibre, près de la bouche 9/16; les canons diminués 7/8 de calibre à la lumière, 1/4 aux tourillons, 7/16 à la bouche.

Mais, à partir de cette époque, l'épaisseur du métal diminua avec la diminution de la quantité de poudre employée. Dans le système Vallière, les épaisseurs du métal furent fixées à un calibre à la lumière, 5/6 aux tourillons, 17/24 à la naissance de la volée et 11/24 à la partie la plus faible de la volée. Gribeauval réduisit les épaisseurs des pièces de bataille aux proportions suivantes : 19/24 de calibre à la lumière, 2/3 aux tourillons, 1/2 à la naissance de la volée, 3/8 à la partie la plus faible.

Le *poids*, qui dépend de la longueur des pièces et de l'épaisseur du métal, était, pour les courtauts de Charles VIII à François 1ᵉʳ, de 110 fois le poids du boulet, pour les pièces moyennes, de 208 fois. Le canon de France sous Henri II et Charles IX pesait 150 fois, les petits canons de 250 à 450 leurs boulets. Sous Louis XIV, les canons de gros calibre pesaient de 190 à 255 fois leur boulet, et les pièces de bataille 300 fois. Dans le système Vallière, les premiers pesaient de 230 à 266, et les secondes de 250 à 287 calibres. Dans l'artillerie Gribeauval, les pièces de siége pesèrent environ 250 fois, et les pièces de campagne, 150 fois leur boulet.

On peut juger, par les questions que nous venons d'effleurer, combien de problèmes scientifiques a fait naître l'invention si simple en apparence de mettre dans un tube en fer ou en bronze une charge de poudre et un boulet, car nous n'avons parlé que de ce qui a strictement rapport au canon, sans rien dire des autres bouches à feu ni des autres spécialités qu'embrasse l'artillerie, art vaste et compliqué, comme l'indique son nom, art qui aujourd'hui s'appuie sur toutes les sciences physiques et mathématiques, et qui ne peut être bien traité que dans les livres spéciaux.

LOUIS-NAPOLÉON BONAPARTE.

Fort de Ham, juillet 1844.

(*Extrait du tome LVI du Dictionnaire de la Conversation.*)

NOTICE

———

Le traité de Paris du 20 novembre 1815 expulsa les membres de la famille Bonaparte de ce sol de France, d'où, grandis à l'ombre de la puissance impériale, ils avaient pris leur vol pour s'asseoir tour à tour sur les plus anciens trônes de l'Europe. Exilés de la patrie, ils trouvèrent un asile, les uns en Suisse et en Italie, les autres en Allemagne, dans la Grande-Bretagne et en Amérique; et leurs descendants y contractèrent des liens qui devaient les unir étroitement aux destinées de ces divers pays. Néanmoins, le plus grand nombre d'entre eux, le regard constamment tourné vers la France, appellent de leurs vœux le moment où il leur sera permis de revoir une terre qui désormais ne semble plus vouloir leur accorder que l'hospitalité de la tombe.

Retirée à Rome depuis 1814, *madame Mère* de l'empereur eut la douleur de survivre à nombre de ses enfants. Devenue aveugle sur la fin de ses jours, et forcée de garder le lit à la suite d'une fracture de la hanche, elle supporta ses maux avec courage et résignation. A l'exception de son frère, le cardinal Fesch, qui ne la quittait presque jamais, elle ne voyait que rarement les autres membres de sa famille. Elle mourut à Rome le 2 février 1836. Le fils aîné de madame Mère, *Joseph Bonaparte,* comte de Survilliers, ex-roi d'Espagne, mourut à Florence au mois d'août 1844, laissant une fille, *Lætitia-Zénaïde,* née le 8 juillet 1801, mariée le 30 juin 1822 à son cousin Charles, fils aîné de Lucien Bonaparte. Une autre fille de Joseph, *Charlotte,* morte en 1839, avait épousé, en 1825, son cousin Napoléon-Louis, second fils de Louis Bonaparte, ex-roi de Hollande.

Lucien Bonaparte, le héros du 18 brumaire, prince de Canino depuis la chute de Napoléon, mort à Viterbe le 29 juillet 1840, fut le père d'une nombreuse famille. Sa fille aînée, *Charlotte,* dont

Ferdinand VII, alors prince des Asturies, avait sol-
licité la main, épousa en 1815 le prince romain de
Gabrielli ; *Christine,* sa fille cadette, mariée au
comte suédois Posse, épousa, après l'annulation
de ce mariage, lord Dudley-Stuard, membre du
parlement britannique. *Charles,* fils aîné de Lucien, est devenu, depuis la mort de son père,
prince de Canino (*V.* ci-après son article spécial).
Son frère *Paul* mourut le 5 août 1827 à Spezzia,
en se rendant en Grèce. *Lœtitia,* troisième fille de
Lucien, issue de son second mariage, épousa en 1824
l'Irlandais Wyse. Cette union ne fut pas heureuse.
Madame Wyse quitta son époux et vécut tantôt à
Paris, tantôt à Bruxelles. Leur fils, Alfred Wyse,
aliéné d'esprit, avait été confié aux soins d'un mé-
decin dans les environs de Bonn. Son père l'en
ayant retiré plus tard pour le mettre dans une
maison d'aliénés 'près Nancy, il en fut enlevé par
sa mère au milieu de circonstances romanesques.
Ce petit événement a été exploité par le vicomte
d'Arlincourt dans son livre *le Pèlerin ;* on l'y lira
avec intérêt, quoique la meilleure part en revienne
à l'imagination de l'auteur. Les deux derniers fils
de Lucien, *Pierre-Napoléon* et *Antonin,* restés à
Rome pendant l'absence de leur père, attirèrent

plus d'une fois sur eux les ombrageux soupçons de la police, qui, pour les perdre dans l'opinion, les faisait accuser par ses sbires de plusieurs excès graves, notamment du meurtre d'un garde-chasse, accusation dont la fausseté fut démontrée plus tard. Cependant un ordre d'arrestation avait été obtenu contre eux. Antonin parvint à se sauver et se réfugia en Amérique. Pierre-Napoléon résista à la force armée venue pour s'emparer de sa personne. D'un coup de poignard, il tua l'officier et blessa mortellement le sergent qui l'accompagnait. Pris à la fin, il fut condamné à mort le 24 septembre 1836. Le pape commua la peine capitale en celle du bannissement, et Pierre put aller rejoindre son frère en Amérique. Depuis 1838, ces deux fils de Lucien sont de retour en Europe.

Pierre Bonaparte est aujourd'hui représentant du peuple pour le département de la Corse.

Louis Bonaparte, comte de Saint-Leu, ex-roi de Hollande, vit à Florence depuis 1826. Des trois fils qu'il eut de son mariage avec la belle et aimable Hortense Beauharnais, il ne lui est resté que le plus jeune. L'aîné, *Napoléon-Charles*, né le 11 octobre 1802, mourut à l'âge de quatre ans. Le second, *Napoléon-Louis*, né le 11 octobre 1804, ex-

grand-duc de Clèves et de Berg, épousa en 1825 sa
cousine Charlotte (*V.* plus haut), et mourut à Forli,
le 17 mars 1831. Dans l'ouvrage intitulé : *La reine
Hortense en Italie, en France et en Angleterre,*
cette princesse raconte elle-même les douloureux
détails de la mort de son second fils et la fuite de
son fils cadet hors du territoire italien. C'était en
1831; la fermentation paraissait être arrivée à son
comble; des troubles avaient éclaté sur plusieurs
points. A Rome, la fille de Joséphine fut elle-même
témoin de la manière sanglante dont on y rétablit
l'ordre. Longtemps avant l'insurrection de Modène,
le malheureux *Menotti* était allé voir à Florence
les deux fils d'Hortense. Il leur avait peint la situation de l'Italie, communiqué ses projets de soulèvement et emporté leur promesse de coopération
dans le cas d'une levée de boucliers. A la nouvelle
de l'insurrection des légations et du départ de ses
fils pour Florence, la reine Hortense, devinant
leurs projets, ne songea plus qu'à les détourner
d'une entreprise dont elle prévoyait la fin malheureuse, ou du moins à les sauver du péril qui les
menaçait. Dans ce but, elle se procura à Florence
un passe-port anglais pour une dame et ses deux fils,
et partit de cette ville pour rejoindre ses enfants.

Ceux-ci avaient, pendant ce temps, organisé la défense sur la ligne de Forli à Civita-Castellana. L'aîné,
à la tête de deux cents insurgés, avait battu les
troupes papales, ramas de forçats libérés auxquels
on avait mêlé quelques soldats, et qui s'avançaient
pour reprendre les villes de Terni et de Spolète.
Mais la crainte de compromettre sa cause par le
nom de Bonaparte engagea le gouvernement révolutionnaire à retirer le commandement aux deux
fils de Louis, et à les rappeler à Bologne. Arrivé à
Forli, Napoléon-Louis tomba malade d'une inflammation de poitrine, et expira entre les bras de
son frère, déplorant jusqu'à son dernier instant la
pusillanimité du gouvernement révolutionnaire. La
reine Hortense rejoignit son dernier fils à Pesaro ;
là, cette malheureuse mère apprit le coup fatal qui
l'avait frappée. Mais il fallait songer au salut du
seul enfant qui lui restât. On arriva à Ancône; le
prince Louis y tomba malade de la rougeole. Tandis
que sa mère le soignait, le cachant à tous les yeux
dans la maison même où logeait le général en chef
autrichien, elle sut habilement, par de faux prépa-
ratifs, répandre le bruit de son embarquement
pour Corfou. Après maints dangers, et craignant
incessamment d'être découverte, Hortense parvint

enfin à sortir sans encombre du territoire italien et
à toucher le sol de France. Arrivée à Paris, elle y
eut une entrevue avec le roi Louis-Philippe et Ca-
simir Périer, ministre des affaires étrangères ; elle
en fut accueillie avec bienveillance. Mais, ne pouvant obtenir la permission de rester en France
avec son fils, elle passa avec lui en Angleterre, où
on la reçut avec une grande distinction. A Londres,
la reine Hortense trouva sa nièce, l'impératrice du
Brésil, qui y était venue chercher un asile avec son
époux, et le fils de Murat, qui venait d'y arriver
d'Amérique, accompagné de son épouse. Après un
court séjour dans cette capitale, elle quitta l'Angleterre, munie d'un passe-port du prince de Talley-
rand, traversa la France sans s'y arrêter, et se
rendit en Suisse, à son château d'Arenemberg,
dans le canton de Thurgovie. Elle passa dans cette
retraite les dernières années de sa vie, faisant le
bien, adorée de ses gens, aimée et vénérée de tous
ceux qui l'approchaient, et y mourut, après de lon-
gues souffrances, le 5 octobre 1837. Ses restes
mortels ont été transportés en France et déposés à
Rueil, près de ceux de sa mère (*Voyez*, en tête de
cet opuscule, la notice biographique spéciale consacrée à *Louis-Napoléon* BONAPARTE, aujourd'hui

représentant du peuple pour le département de la Seine).

Jérôme Bonaparte, comte de Montfort, ex-roi de Westphalie, le plus jeune des frères de Napoléon, vit depuis 1831, tantôt dans la Marche d'Ancône, tantôt à Florence. Sa seconde femme, la princesse Frédérique de Wurtemberg, sa compagne fidèle dans tous ses revers, mourut à Lausanne, le 28 octobre 1835. Un fils issu du premier mariage de Jérôme avec l'Américaine Élisa Patterson épousa, en 1829, à Baltimore, une compatriote de sa mère. Les trois enfants issus du second mariage de Jérôme Bonaparte sont : *Jérôme-Napoléon*, né à Trieste, le 24 août 1814, remarquable par sa frappante ressemblance avec l'empereur son oncle, et mort en 1846 ; *Napoléon*, né en 1823, aujourd'hui représentant du peuple, et *Amélie-Mathilde*, née en 1820, mariée le 12 octobre 1840 au prince russe Anatole Demidoff.

Du mariage de *Marie-Anne-Élisa*, ex-grande-duchesse de Toscane, l'aînée des sœurs de Napoléon, avec *Félix Bacciocchi*, ex-prince de Lucques, Piombino, Massa, etc., il ne reste qu'une fille, *Napoléone-Elisa*, née le 3 juillet 1806, mariée en

1825 au comte Camorosa d'Ancône, l'un des nobles les plus riches de la Marche ; un fils, *Frédéric-Napoléon*, née en 1814, à Codroipa, près Udine, mourut à Rome en 1833, des suites d'une chute de cheval.

La belle *Marie-Pauline*, seconde sœur de Napoléon, épouse du prince *Borghèse*, mourut à Florence le 9 juin 1825, sans laisser de postérité.

La troisième sœur, *Marie-Annunciata-Caroline*, comtesse de Lipona, ex-reine de Naples, vint à Paris à une époque récente, pour y traiter d'affaires d'intérêts ; mais elle dut quitter la France quelque temps après, non toutefois sans avoir arrangé ses affaires à sa satisfaction. Elle retourna à Florence, son séjour habituel, et y mourut en 1839. La reine Caroline eut de son mariage avec *Murat* deux fils et deux filles : l'aîné, *Achille*, né le 21 janvier 1801, actuellement propriétaire dans la Floride, servit la Belgique, en 1831, en qualité de colonel de la légion étrangère. Le second, *Lucien-Napoléon-Charles*, né le 16 mai 1803, est aujourd'hui représentant du peuple pour le département de la Corse ; tous les deux ont épousé des Américaines. Les deux filles, *Lætitia-Joséphine* et *Louise-Julie-Caroline*, épousèrent, la première, le comte Pépoli de Bologne, la seconde, le comte Rasponi de Ravenne.

Il nous reste à parler de la nombreuse descendance du prince Eugène *Beauharnais*, fils adoptif de l'empereur Napoléon. Eugène Beauharnais, duc de Leuchtenberg, ex-vice-roi d'Italie, eut de son mariage avec *Auguste-Amélie*, princesse de Bavière, deux fils et quatre filles. L'aînée, *Joséphine*, née à Milan le 14 mars 1807, reine de Suède et de Norwége depuis le 8 mars 1844, est elle-même mère de quatre fils et d'une fille. Le seconde, *Eugénie-Hortense-Auguste*, née à Milan en 1808, épousa en 1826 le prince Frédéric-Constantin de Hohenzollern-Hechingen. Le fils aîné d'Eugène Beauharnais, *Auguste*, né le 18 octobre 1818, prince de grandes espérances, épousa, le 25 janvier 1835, la reine dona Maria de Portugal, et mourut à Lisbonne le 25 mars de la même année. La troisième princesse de la maison de Leuchtenberg, *Amélie-Napoléone*, née le 31 juillet 1812, est depuis 1831 veuve de l'empereur du Brésil don Pedro, dont elle a eu une fille, *Marie-Amélie*. Sa sœur, *Louise-Théodolinde*, quatrième fille d'Eugène, est née à Mantoue le 14 avril 1814. Enfin, *Maximilien*, né à Munich le 2 octobre 1817,

le plus jeune des enfants de l'ex-vice-roi d'Italie,
héritier par la mort de son frère, du landgraviat
de Leuchtenberg et de la principauté d'Eichstædt,
a épousé récemment encore la grande-duchesse
Olga, fille de l'empereur de Russie Nicolas.

H. HOERTEL.

(*Extrait du tome* LV *du Dictionnaire de la
Conversation.*)

NOTICE

SUR LE FILS AÎNÉ DE LUCIEN BONAPARTE,

PRINCE DE MUSIGNANO.

BONAPARTE (*Charles-Jules-Laurenti-Lucien*),
prince de Canino, naquit à Paris le 24 mai 1803,
de Lucien Bonaparte et d'Alexandrine de Bles-
champs, tous deux veufs. *Lucien Bonaparte*,
dont le noble caractère ne put se plier à l'impé-
rieuse volonté de son frère, l'empereur, qui voulait lui imposer une couronne, quitta la France
et se rendit en Italie, où le pape Pie VII fut plein
de bonté pour lui ; alors les armées françaises
occupaient la Péninsule ; il dut la quitter et se
rendre en Amérique ; mais, ayant été fait prisonnier par les Anglais, il ne put exécuter son projet
que plus tard.

Tout enfant, le prince *Charles Bonaparte* montra une ardeur extrême pour l'étude de l'histoire naturelle, qu'il commença dans la campagne de Worcester. Après 1814, son père revint en Italie, où le saint-père le proclama prince de Canino, belle principauté que lui avait vendue la chambre apostolique. A Rome, le jeune Charles s'adonna à l'étude des lettres et de l'histoire naturelle avec un remarquable succès ; il s'occupa des plantes, des insectes, des animaux vertébrés, et surtout des oiseaux; et déjà se révélait le génie qui, plus tard, devait lui valoir l'estime de tous les savants du monde.

En 1822, à Bruxelles, il épousa sa cousine Zénaïde, fille aînée de Joseph, comte de Survilliers, qui demeurait depuis longtemps aux États-Unis, où les deux époux allèrent l'embrasser.

Là, le prince Charles Bonaparte publia plusieurs ouvrages qui lui firent le plus grand honneur, et rendirent son nom cher aux savants, entre autres l'*Ornithologie d'Amérique*, les *Genres des Oiseaux* et la *Synopsie des espèces*. Il visita les principales cités des États-Unis, où il sut apprécier le régime si doux de ces libres contrées. Mais il n'oublia là ni la France ni l'Italie, dont il parlait avec amour, chaleur et éloquence.

Il vint à Londres, où la Société Linnéenne et la Société de Zoologie l'inscrivirent au nombre de leurs membres; il fit partie de plusieurs cercles littéraires et politiques de cette bruyante métropole. Les plus grands naturalistes de l'Europe adoptaient déjà ses plans et ses classifications scientifiques.

De retour à Rome, en 1828, avec un nombre immense d'objets d'histoire naturelle, il commença son cabinet zoologique, qui est l'un des plus riches que l'on connaisse. En 1830, il publia ses *Observations sur la seconde édition du Règne animal* de Cuvier, qui fit tant de bruit parmi les savants. De 1831 à 1832, il donna suite à son ouvrage sur la disposition des quatre classes de vertébrés; il publiait aussi le quatrième volume de l'*Ornithologie américaine*. Ce fut alors aussi qu'il commença l'un de ses ouvrages capitaux, qu'il termina dans l'espace de dix ans, et qui assurerait seul la réputation d'un auteur : nous voulons parler de la *Faune italienne*. Tant d'honorables travaux, tant d'amour pour les calmes études, joints au plus noble caractère qui se puisse rencontrer et à l'un des plus beaux noms du monde, expliquent pourquoi il est si capable d'apprécier les hommes de génie (eh ! n'est-il pas lui-même un de ces hommes ?), pourquoi les cardinaux et tous les hommes distingués de Rome l'honorent, l'estiment et l'aiment comme l'orgueil de la cité.

En 1839, revenant de Londres, où il avait lu à la Société Linnéenne la première ébauche de son *Système des vertébrés*, qui eut un si immense succès, il traversa la France, où tous nos savants le reçurent avec joie et empressement.

Nous arrivons à l'un de ses plus beaux titres de gloire : c'est à son activité, à son dévouement, que l'Italie doit l'institution de ces congrès scientifiques qui ont été si utiles au développement des études dans la péninsule italique. Dans ces réunions, toujours nommé président de la section de zoologie, il sut diriger les travaux avec dignité et éloquence, et fit d'utiles et intéressantes lectures.

A Berne, il mit la dernière main à la *Synopsie des reptiles d'Europe*; à Lyon, il se mit en rapport avec le professeur Jourdan, et commença à diviser les mammifères en deux sous-classes, les *éducables* et les *inéducables*.

Le 29 mai 1840, il eut la douleur de recevoir

le dernier soupir de son père; il réunit alors le titre de prince de Canino à celui de Musignano, qu'il avait porté jusqu'alors. On connaît si parfaitement son amour du bien public, qu'on l'associe à toutes les entreprises philanthropiques. Sa Majesté le roi Charles-Albert l'apprécie à sa juste valeur, et à Turin, la cour et la ville lui font toujours le plus aimable accueil. — Il s'employa avec ardeur pour obtenir que son beau-père et oncle pussent séjourner en Italie, et il eut le bonheur de réussir. Il se rendit à Londres en traversant la France, et utilisa cette course rapide en s'entretenant avec les savants qui se trouvaient sur son passage.

En 1841, il brilla au congrès de Lyon, où il fut accueilli avec empressement. A Vienne en Dauphiné, il fut l'objet de démonstrations populaires bien flatteuses dans leur unanimité; enfin, l'Institut vient de s'honorer en le nommant correspondant de l'Académie des sciences.

Nous n'avons pu citer qu'une partie des immenses travaux du prince; nous n'avons pu que constater à la hâte cette noble et belle existence d'un homme qui porte si bien un grand nom, que notre Geoffroy Saint-Hilaire l'appelait *une autre face du génie de l'empereur.*

Le prince Charles Bonaparte, adoré de ceux qui l'entourent, estimé du monde savant, honoré de l'amitié des souverains de l'Italie, s'occupe de ses travaux de prédilection, de l'éducation de ses fils, de l'économie de sa maison, de la manière la plus recommandable. Il n'a pas de préjugés locaux, il voit dans le monde une même famille; pur de tout égoïsme, il voudrait que ses inférieurs fussent ses égaux, et s'élever ensemble au niveau des plus grands.

Jules PAUTET,
Bibliothécaire de la ville de Beaune.

(*Extrait du tome* LV *du Dictionnaire de la Conversation.*)

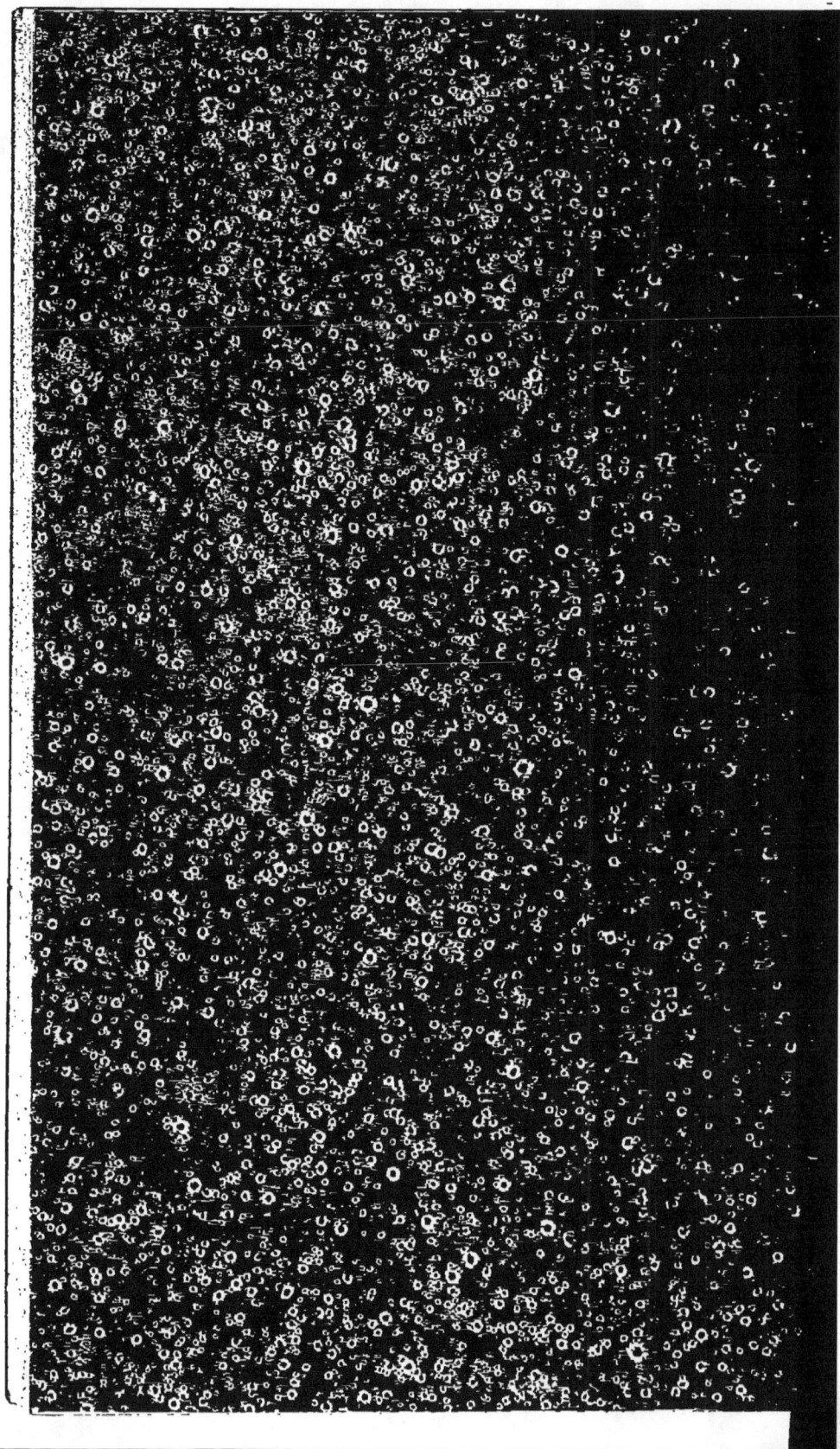

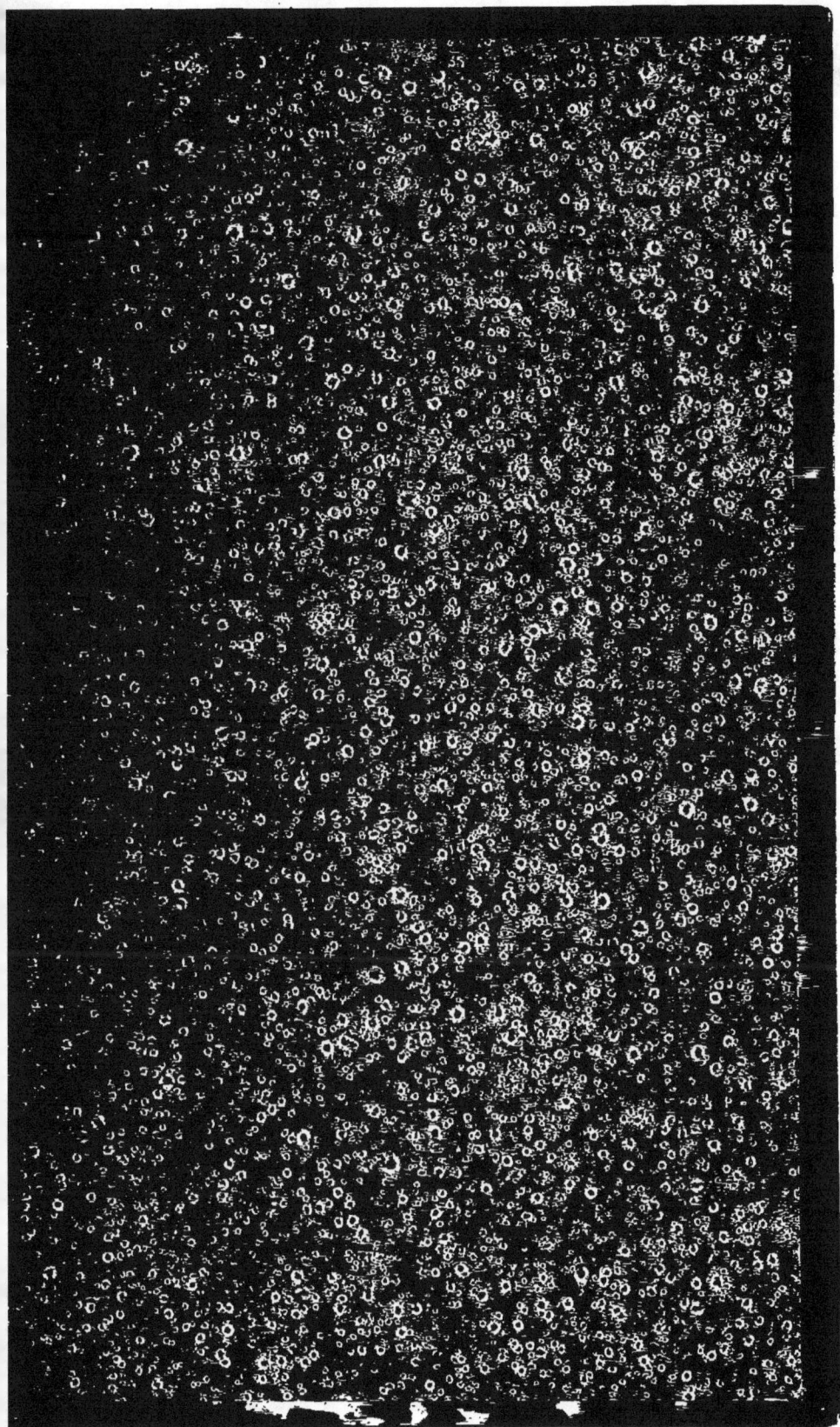

www.ingramcontent.com/pod-product-compliance
Lightning Source LLC
Chambersburg PA
CBHW070851280326
41934CB00008B/1399